福祉施設経営のススメ

安定した収益&社会的意義を両立

岩崎弥一
IWASAKI YAICHI

幻冬舎 MC

安定した収益＆社会的意義を両立

福祉施設経営のススメ

はじめに

「何か世の中のためになることをしたい」「自分（会社）の存在意義は『世の中の役に立つこと』であるべきではないか」

多くの経営者がそのような思いを抱いているはずです。私も一人の経営者として長い間そう思い続けてきました。

その思いが事業として結実したものが、今回この本で紹介する障がい者グループホームです。私はこのノウハウを世に出すことで、障がい者グループホームの実情を伝え、現在、絶対的に数が不足しているこの施設を増やすことで、障がいのある人とない人がともに自分らしく生きていける社会の実現を願っています。

「障がい者グループホーム」という名前を初めて聞いたという方もいると思います。グループホームといえば、認知症のお年寄りが入居する施設としてよく知られており、お年寄りができるだけ自立した生活を送れるように支援しています。障がい者グループホームも同様で、障がい者が家族のもとを離れ、共同生活をしながら地域社会の一員として自立を目指す施設のことをいいます。

これまで、障がいのある方々が入居するのは、「入所施設」と呼ばれる公営の大規模な施設が一般的でした。入所施設の多くは人里離れた場所にあり、一般社会から隔絶されていました。

その体制を大きく変えたのは、2012(平成24)年の障害者総合支援法の制定です。障がいのある人を世間から隔絶された場所に閉じ込めるのではなく、地域住民として一般社会と分け隔てられることなく暮らしてもらう、という政策を国が打ち出したのです。それ以降は、従来の入所施設が徐々に縮小されるとともに、障がい者がグループホームのスタッフの手助けのもと自立した生活を送り、一人ひとりの能力を引き出す訓練に基点がおかれるようになりました。

しかし、そういった流れがあってもなお、2021年現在も、政府が期待したほど障がい者グループホームの数は増えていません。

2019(令和元)年の厚生労働省の発表では、障がい者の総数は全国で963万人いることが分かっています。一方、65歳以上の要支援・要介護者の数は２０２０（令和２）年２月の暫定値で６６０万人で、障がい者の数は要支援・要介護の高齢者の数を大きく上回っています。

　ところがこの人数に対する障がい者グループホームの供給率はわずか６％に過ぎません（国土交通省「高齢者住宅データから見た課題」２０２０年）。そこには障がい者を支援する事業所に市区町村から支給される報酬が低く、あまり利益が出せず事業として成り立ちにくいという背景があります。そのため、運営に着手する法人が少なく、需要があるにもかかわらず供給が追いついていない状態でした。これは誠に憂慮すべきことですが、現在では報酬単価が改定され、「日中サービス支援型」という新たな支援体制ができたことや、２０１９年全面施行の建築基準法の改正で使用できる物件が増えたことなどが追い風となり、障がい者グループホーム事業は始めやすくなっています。

　障がい者グループホームの運営に踏み出す事業者は、遊休地をもっている企業や、福祉作業所の運営者など、立場はさまざまです。企業は遊休地を活用して安定した家賃収入が得られ、福祉作業所は障がい者に住居を提供できるため、それぞれに利点があります。

私は建設会社の経営者として、これまで多くの高齢者施設の建設に携わってきましたが、障がい者グループホームの数がまったく足りていない現状が分かった2015年からは、障がい者グループホームの建設にも関わるようになりました。

建設を進めるにつれて障がい者グループホームの状況が分かるようになると、2019年頃には「うちの会社もグループホームづくりのお手伝いをするだけでなく、運営する側になってみよう」という意見が自社の社員から出るようになりました。

その頃ちょうど会社が創業100年を迎えたこともあり、次の100年に向けた事業基盤の強化および社会貢献の一つとして、私たちも福祉業界の一翼を担おうということになりました。そして、グループ企業である福祉関連会社の運営によって、2022年春に障がい者グループホーム第1号をオープンすることとなったのです。

この本には障がい者グループホーム建設に携わってきた実績と、建設業という異業種から福祉事業に参入するまでの実体験とノウハウを盛り込みました。

真の共生社会の実現に向けて、一人でも多くの方に障がい者グループホームに関心をもっていただければ、これほどうれしいことはありません。

目次

第2章 障がい者の自立へ向けた第一歩を支援するグループホームとは

第3章 グループホーム経営を成功させる収支パターンと建設プラン

第4章

財務体質を健全化できる福祉施設経営——地方企業が生き残るために

第5章 すべての人が輝き活躍できる社会を実現したい ——企業が果たすべき使命

第1章

障がい者が安心して過ごせる場所が圧倒的に少ない……

◆障がい者の数は増え続けている

「障がい者施設」と聞いたときに具体的なイメージがわかないという方がほとんどだと思います。

「高齢者施設」については、お年寄りが集まって暮らしているというイメージをどなたももっているはずです。

これは何を意味するかというと、私は日本人一般が障がい者と高齢者に対してもっている意識をそのまま映し出しているのではないかと思っています。

福祉の分野で代表的なのは大きく「高齢者福祉」と「障がい者福祉」に分かれます。つまり障がい者施設も高齢者施設もどちらも「福祉」という枠でくくられるものであるにもかかわらず、両者に対する認識の度合いには大きな隔たりがあるように感じられてならないのです。

その原因は端的にいうと、障がいのある方に接する機会がないという人が多いからだと考えられます。

私たちの目にお年寄りの姿はよく入ってきます。自分の親や親戚が高齢になっていくところを目のあたりにしていますし、地方に行けば行くほど、人口に対するお年寄りの割合は増えていきます。

では障がい者の方を日常的に見かけたり、接したりする機会についてはどうかといえば、身内や親しい友人に障がいのある方がいたり、自身が障がい者福祉関係の仕事に携わっていたりしていない限り、接する機会はないという方が多いと思います。

そして地方へ行けば行くほど、障がいのある方をお見かけする機会は少なくなっていきます。都市部に比べると地方は情報が少ないため、障がいに対する理解が浅い面があったり、障がいのある方が外出する環境が整っていなかったりということがその一因になっていると予想されます。

そのため、一般の方は高齢者人口が増えていることは実感できていても、障がい者の数の増減についてはなんらイメージをもつことができないというのが実情だと考えられます。

しかしここが非常に重要なのですが、多くの人が意識してはいないものの、障がいのある人の数は増え続けているのです。

ではここで、高齢者の数と障がいのある人の数がどう変化しているかを見てみましょう。

高齢社会白書によると、65歳以上の要支援・要介護者の数は右肩上がりで増え続けており、平成27年度の調査でその数は６００万人に達しています。

次に障がいのある人の数の推移を見ていきます。

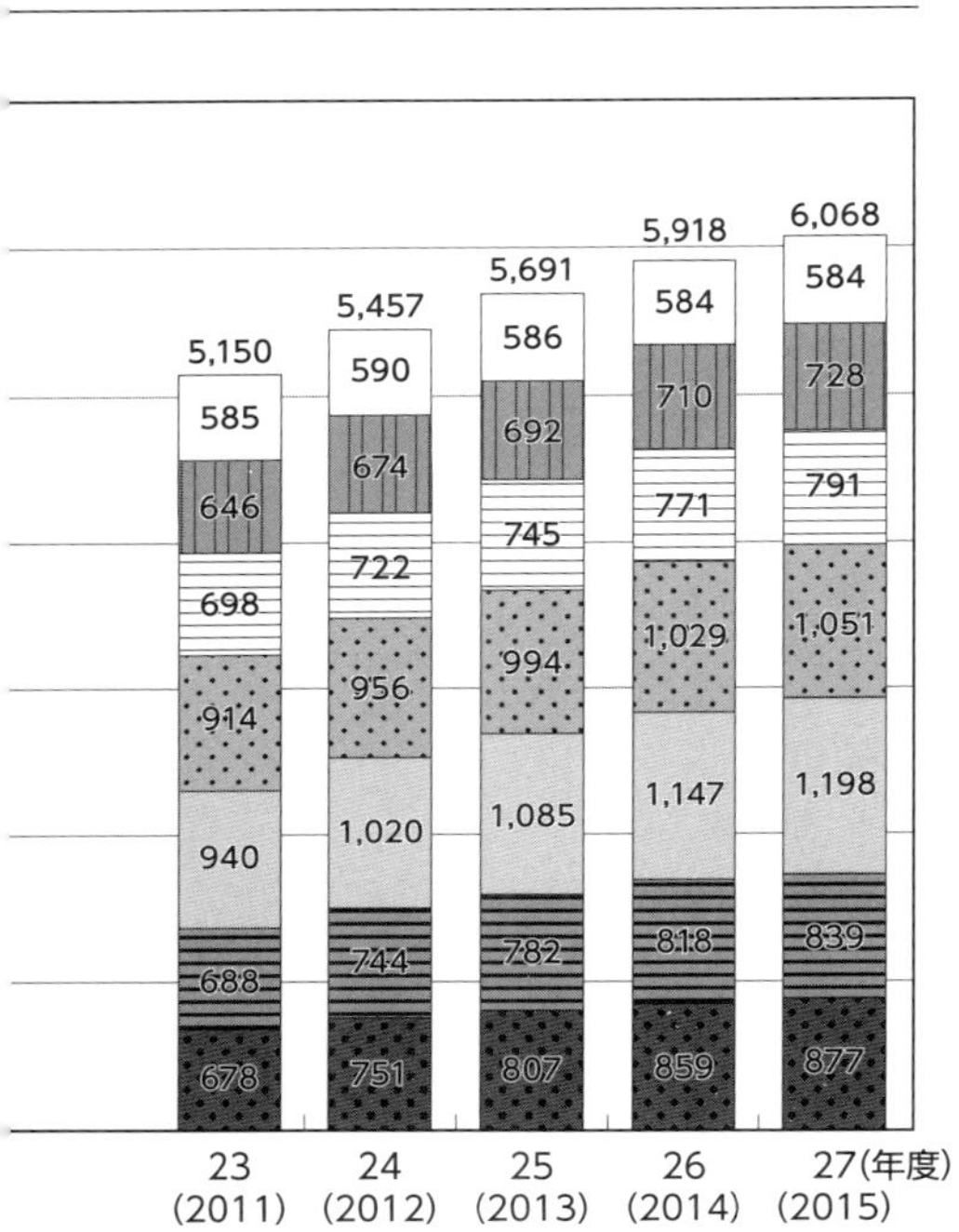

▶第1号被保険者（65歳以上）の要介護度別認定者数の推移

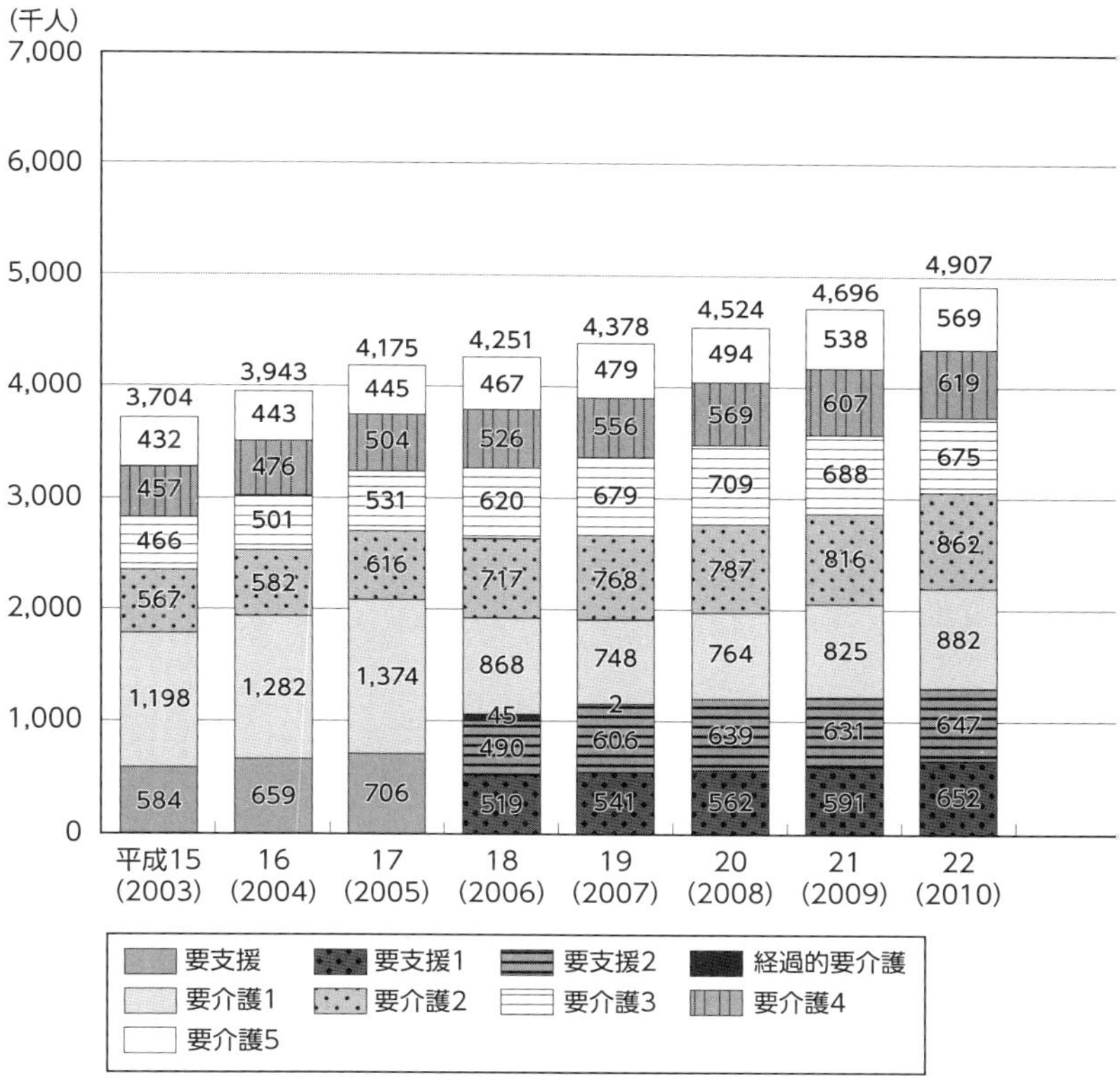

出典：厚生労働省「介護保険事業状況報告（年報）」

※１　平成18年４月より介護保険法の改正に伴い、要介護度の区分が変更されている

※２　平成22（2010）年度は東日本大震災の影響により、報告が困難であった福島県の5町1村（広野町、楢葉町、富岡町、川内村、双葉町、新地町）を除いて集計した値

▶障がい者の数は増加している

障がい種類別障がい者数		総数	対前年増加率	18歳以上65歳未満	対前年増加率
身体障がい児・者	平成18年	**357.6万人**	7.4%	123.7万人	1.5%
	平成23年	386.4万人	8.0%	111.1万人	-10.2%
	平成28年	**428.7万人**	10.9%	101.3万人	-8.9%
知的障がい児・者	平成18年	**41.9万人**	27.3%	27.4万人	29.2%
	平成23年	62.2万人	48.4%	40.8万人	48.9%
	平成28年	**96.2万人**	54.6%	58.0万人	42.1%
精神障がい児・者	平成18年	**290.0万人**	8.4%	170.7万人	4.6%
	平成23年	287.8万人	-0.8%	162.1万人	-5.1%
	平成28年	**361.1万人**	25.4%	192.6万人	18.8%

■ 障がい認定を受けている方＝936万人 ⇒ 全人口の約7.4%
■ 高齢者の要支援・要介護者＝600万人 ＜ 障がい者＝936万人

（厚生労働省のデータをもとに作成）

上の表は障がい認定を受けている方の数を表したものです。その総数は平成28年時点でおよそ936万人となっています。前回平成23年の推計（約788万人）よりも約148万人増加し、日本の全人口に占める割合も約6・2%から約7・4%へと増えました。

さらに特筆すべきは、この数があくまで「障がい認定を受けている人の数」だということです。障がいはあっても障がい認定を受けていない人を含んでいません。潜在的な障がいのある人を含めると、この割合はもっと高くなります。

一方、要支援・要介護の高齢者数約600万人ですから、日本の人口を1億2500万人とすると、人口に占める割合は約4・8％。数を比較すると

障がい者数936万人÷要支援・要介護高齢者600万人＝1・56

となり、障がいのある人の数が、要支援・要介護の高齢者の数の1・56倍であることが分かりました。

「うちの母親が認知症で」とか「○○さんの家ではお父さんが認知症で大変らしいよ」という話はよく耳に入ってきます。そのため支援や介護の必要なお年寄りの数が増えていることは、誰もが感じていることだと思います。

しかしその数を1・5倍も上回るほどに、今、障がいのある人の数が増えているのです。これほど多くの障がい者がいることを、ほとんどの人が認識できていないというのが日本の現状です。

◆障がいの種類

では具体的に「障がい」というのはどういう心身の状態をいうのでしょうか。まずは障がいの種類についてご説明していきます。

障がい者対策の基本理念を示す法律として「障害者基本法」があります。この法律では障がい者について「身体障害、知的障害または精神障害があるため、長期にわたり日常生活、または社会生活に相当な制限を受ける者」と定義しています。

障がいは

- 身体障がい
- 知的障がい
- 精神障がい

の3種類に分類されます。

1　身体障がいとは

身体障がいについては「身体障害者福祉法」の中で「身体機能の一部に不自由があり、

日常生活に制限がある状態のこと」と定義しています。身体障がいは次の5種類に分類されます。

◆視覚障がい
◆聴覚・平衡機能障がい
◆音声・言語・そしゃく機能障がい
◆肢体不自由
◆内臓機能などの疾患による内部障がい

2　知的障がいとは

知的障がいについては「知的障害者福祉法」の中で「日常生活で読み書き計算などを行う際の知的行動に支障がある状態のこと」と定義し、知的行動の遅滞の基準として次の3要件を挙げています。

- 発達期において遅滞が生じること
- 遅滞が明らかであること
- 遅滞により適応行動が困難であること

ちなみに「発達期」というのはおおむね18歳までを指します。そのため、成人になってからの事故や病気、認知症などによって知的機能が低下したケースは、この法律で定めるところの「知的障がい」には該当しません。

3　精神障がいとは

精神障がいについては「精神保健福祉法」で「脳および心の機能や器質の障害によって起きる精神疾患によって、日常生活に制約がある状態のこと」と定義されています。

精神保健福祉法で定められている精神障がいは次のとおりです。

- 統合失調症
- 精神作用物質（薬物やアルコール）による急性中毒又はその依存症
- 知的障がい（18歳を過ぎてからの事故や病気、認知症などによる知的機能の低下）
- 精神病質その他の精神疾患

また、２００４年に制定された発達障害者支援法により、次の疾患も精神障がいとして扱うこととなりました。

- 自閉症
- アスペルガー症候群
- うつ病、そううつ病などの気分障がい
- てんかん
- 高次脳機能障害とこれに類する脳機能障害で、その症状が低年齢に発現する発達障害
- 発達障がい（自閉症、学習障がい〈ＬＤ〉、注意欠陥多動性障がい〈ＡＤＨＤ〉等）
- その他の精神疾患（ストレス関連障がい等）

◆障がい者の数が増えた理由

・障がいに対する社会的認知の広まり

なぜ、障がいのある方たちの数が増加しているのか、その最も注目すべき要因は、障がいに対する社会的認知度が高まったことです。特に発達障がいについて知られるようになったことが、大きく関与しています。

つい20年ほど前までは「発達障がい」という言葉が世の中であまり理解されることはあ

りませんでした。

　言葉の遅れや人とのコミュニケーションがうまく取れないといった特性が幼少期に発現しやすいことから、自閉症のお子さんの存在は認知されるようになってはいたものの、その原因として「親の育て方が悪かったから」など見当違いな見解が寄せられることもあり、当事者の方々は非常に胸を痛めていたと思います。

　しかも、自閉症以外の発達障がいについては、ほとんど知られていませんでした。しかし昔から、何度注意してもじっと自分の席に座っていられずウロウロと歩き回ってしまう人、極端に片づけが苦手な人、話がかみ合わず人とうまくコミュニケーションが取れない人など、いわゆる一般の人ができることができずに、社会生活に支障をきたす人は一定割合存在していました。

　こうした人たちは「空気が読めない人」「変わった人」などと呼ばれ、かといって知的障がいとは考えられていなかったことから法制度のはざまで取り残されていました。現実には学校や職場、あるいは就労そのものが難しいなど、さまざまな場面で困難を抱えているにもかかわらず、支援が受けられない状態が長く続いていたのです。

・「発達障害者支援法」の登場

その壁を打ち破り、新たな時代を拓くきっかけとなったのが２００４年（平成16年）に制定された「発達障害者支援法」です。

この法律によって、自閉症、アスペルガー症候群、注意欠陥多動性障がい（ＡＤＨＤ）、学習障がい（ＬＤ）、トゥレット症候群（運動性チックと音性チックが1年以上続く症状）、吃音などが「発達障がい」と総称され、それぞれがもつ障がい特性や個々人のライフステージに応じた支援が受けられることとなりました。

発達障害者支援法の柱は次の３つです。

◆発達障害者に対する障害の定義と発達障害への理解の促進
◆発達障害者の自立・社会参加のための生活全般にわたる支援の促進
◆発達障害者支援を担当する部局相互の緊密な連携の確保、関係機関との協力体制の整備

・障がいの原因は「社会」にある

さらに、２０１６年の法改正で、発達障害者支援法の基本理念として「社会的障壁の除去」という文言が追加されました。これによって発達障がいのある人が社会生活をするうえで直

面する不利益は、本人の責任ではなく社会の責任であるということが明確に示されたのです。

以前の障がいに対する考え方は「障がいは個人の心身や機能の障がいによるもの」とする「医学モデル」と呼ばれるものでした。

それを「障がいを障がいたらしめるのは社会のあり方にあり、個人の責任ではない」ととらえる「社会モデル」へと移行させる考えを示したのです。

また発達障がいの早期発見とともに、乳幼児期から高齢期まで切れ目のない支援を行うことも明記されたほか、各都道府県と人口50万人以上の都市には発達障がいのある人への総合的な支援を行う「発達障害者支援センター」の設置が義務付けられました。

【改正のポイント】

- 発達障がい者の支援は「社会的障壁」を除去するために行う
- 乳幼児期から高齢期まで、切れ目なく支援。医療、福祉、教育、労働などが緊密に連携
- 司法手続きで意思疎通の手段を確保
- 国、都道府県は就労の定着を支援
- 教育現場での個別の支援計画や指導計画の作成を推進

・発達障害者支援センターの増設
・都道府県に関係機関による協議会を設置

これを機に発達障がいに対する社会の認知度が高まった結果、支援の対象からこぼれ落ちていた人たちが「自分も発達障がいなのではないか」と気づきやすくなり、関係機関に相談するなどして障がい認定を受けるようになったのです。

発達障害者支援法は、発達障がいのある人が自分自身の障がいを認識しやすくなったという点、そして必要な支援を受けやすくなったという点で、果たした役割は非常に大きいものといえます。

・高齢者人口の増加

また、障がい者人口が増加していることの要因として、高齢者の人口が増えていることも考えられます。というのも高齢になると身体機能が低下するため、身体の不自由を感じる人が増えていくからです。また認知症の発症により、精神障がいが認められるケースも増えてきています。

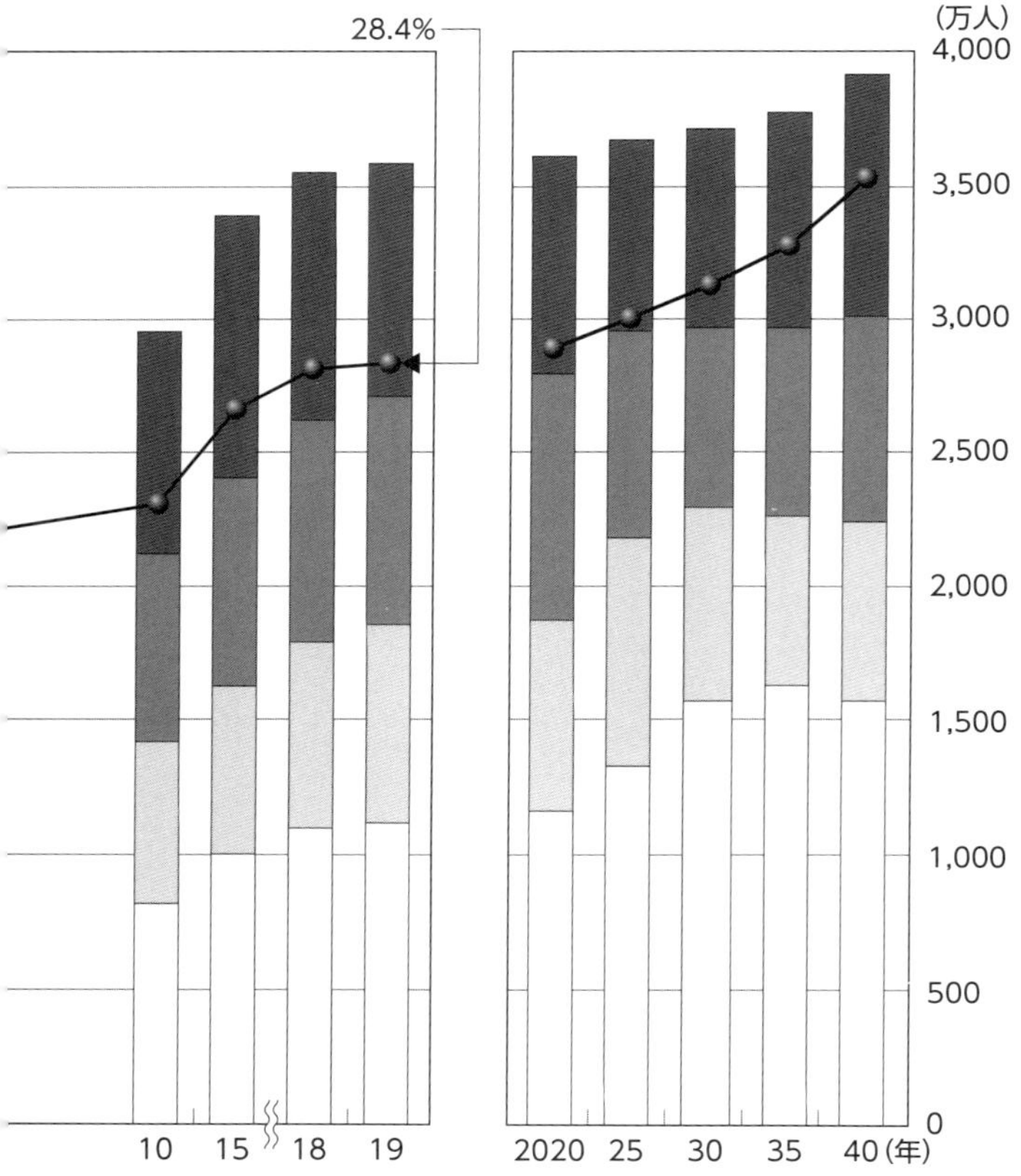
28.4%
(万人)
4,000
3,500
3,000
2,500
2,000
1,500
1,000
500
0
10
15
18
19
2020
25
30
35
40
(年)

▶高齢者人口及び割合の推移（1950年～2040年）

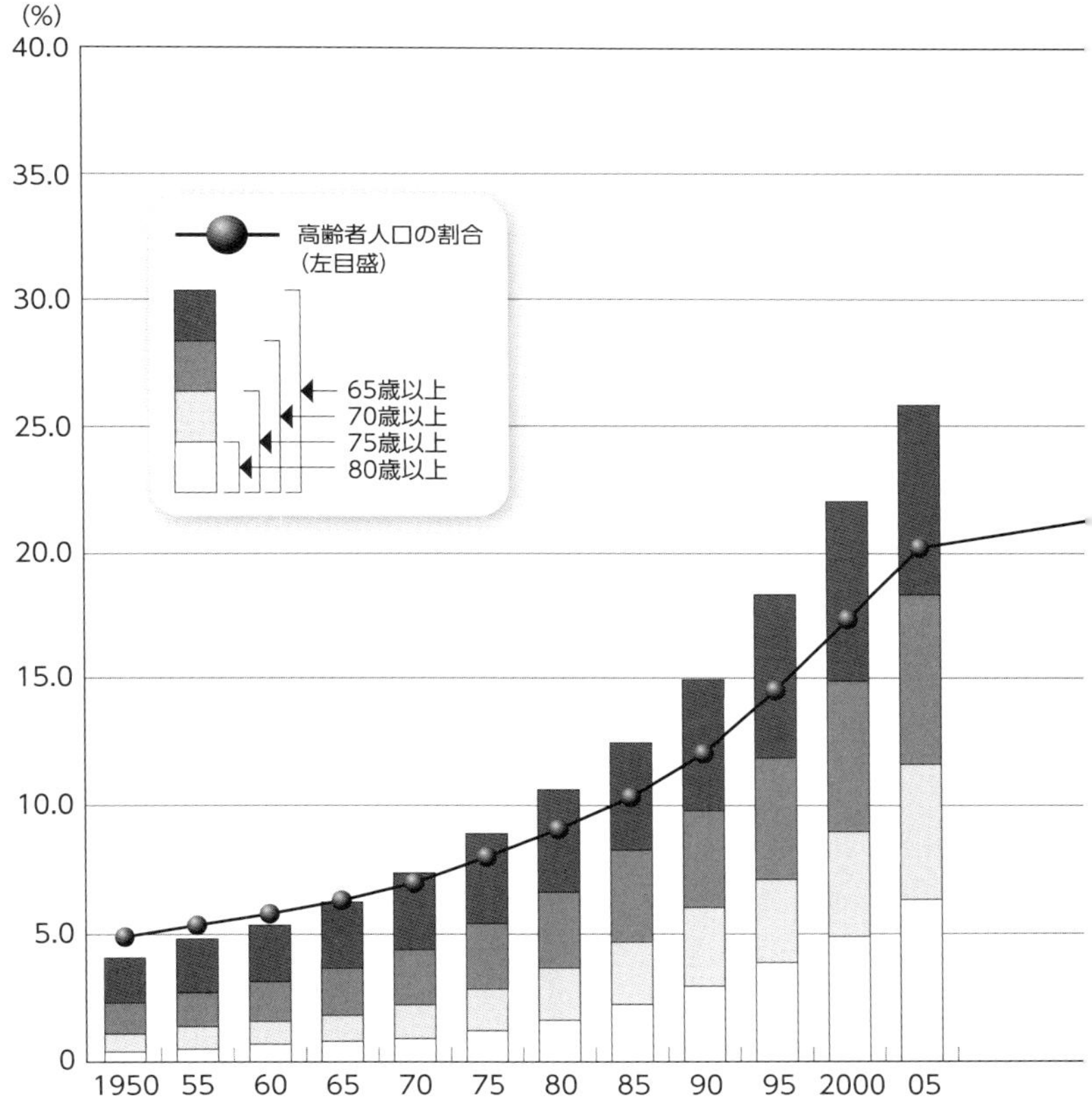

出典：総務省統計局
1950年～2015年は「国勢調査」、2017年および2018年は「人口推計」、2020年以降は「日本の将来推計人口（平成29年推計）」出生（中位）死亡（中位）推計（国立社会保障・人口問題研究所）の資料より
※1　2017年および2018年は9月15日現在、その他の年は10月1日現在
※2　国勢調査による人口および割合は、年齢不詳をあん分した結果
※3　1970年までは沖縄県を含まない

▶富山県における障がい者人口の推移

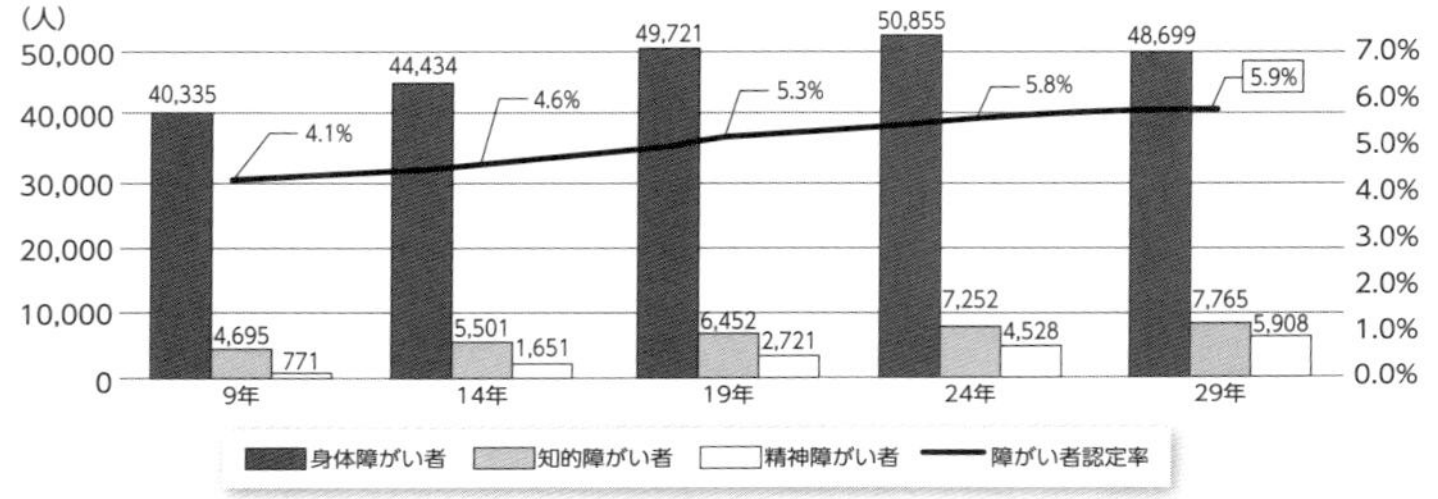

現在、総人口約**104.5万人**に対して約**6.3万人**の方が
障がい者手帳を保持しています。

※あくまで手帳保持者の数なので、実際にはこれ以上の方が存在すると予想される

(富山県のデータをもとに作成)

高齢者人口は今後も増えていくことが予想されるため、それに伴って障がい者数も増加していくと考えられます。

・富山県の状況

ちなみに、私たちの事業拠点である富山県における障害者手帳の交付を受けている人の数は、平成29年時点で総人口数約１０４・５万人に対して約６万３０００人。５・９％と全国平均よりは低めです。

その理由としては地方特有の「世間の目」を気にする傾向が強く、家族に障がいがあることを認めたくない、障害者手帳の交付を受けていることを知られたくないという思惑が働いていることが考えられます。

とはいえ、日本のほかの地域同様、年々数は増えてきているので、今後、障がい者福祉に対する認識が変化していくにつれて増加していくことは間違いありません。

障がい者はどこで生活している？

障がいの程度にもよりますが、一般的に障がいのある人はない人に比べて経済的な面や心理的・身体的側面からも自立して生活していくことが難しい場合があります。

では障がいのある人はどこでどのように暮らしているのでしょうか。

平成21・23年の調査結果に基づく少々古いデータになりますが、平成28年1月25日に厚生労働省から発表された「障害者の住まいの場の確保に関する施策について」というレポートからその実態が分かります。

この調査によると、身体障がい者（児）のうち在宅者は98・1％・施設入所者1・9％、知的障がい者（児）の在宅者83・9％・施設入所者16・1％、精神障害者の在宅者89・9％・入院者10・1％となっています。

平均すると在宅者が約90・6％、施設入所者が約9・4％と圧倒的にそれぞれの家庭で生活している人が多いことが分かります。

以下、少々長くなりますが、「ノーマライゼーション　障害者の福祉」2016年2月号に掲載された土屋葉氏（社会学者、愛知大学文学部教授）の「いま、障害のある人と家族は」から、この調査を含む厚生労働省発表のデータに関する分析をご紹介します。

・・・前略・・・

厚生労働省の調査によれば、65歳未満では、知的障害のある人は年齢層が比較的若い世代に偏ってはいるが、同居者がいる人の実に90・7％は親と暮らしている。また、精神障害のある人はやや高い世代に偏っているものの、65・7％が親と暮らしている。身体障害のある人は高年齢層に偏っており、59・7％は夫婦で生活しているが、40・7％は親と（も）、35・5％は子どもと（も）生活をしている。

一方で、精神障害のある人で入院患者の割合は10・1％、知的障害のある人で施設入所者の割合は16・1％となっており、無視できる数値ではない。グループホームで暮らす人は増加傾向にはあるものの、知的障害のある人の11・5％、身体障害のある人の4・2％、精神障害のある人の3・5％にすぎない。また地域による差も大きい。たしかに重い障害のある人が単身で、またはグループホームで暮らしている例もある。しかしこれらのほとんどは大都市圏での話である。

・・・・中略・・・・

まとめよう。とりわけ先天的な障害のある人、あるいは比較的年齢が若いうちに障害をもった人は、年齢を重ねても未婚のまま親やきょうだいと暮らしている。収入は、地域で独立の生計を営むには十分なものではない人が多く、そうした場合は、生活費・治療費を含めた金銭的支援を家族が担っている。単身で、あるいはグループホーム等で暮らす人は決して多いとはいえず、かつてと比べ本人に対するサービス体制が整えられてはいるものの、家族に依存する生活を送る人が多い。

・・・・後略・・・・

障がいのある人の生活は家族頼みであり、特に親が重い責任を担わざるを得ないのが現状です。特に地方では、障がいのあるお子さんが好奇の目にさらされるのではないかという思いが強いあまり、家の中だけで大事に守り育てる傾向が強く見られます。私たちのホームである富山県も例外でなく、障がい者施設の方から「ご両親が亡くなって初めて障がいのあるお子さんが見つかるというケースが少なくない」と聞いたことがあります。福祉関係の方が初めて知るくらいですから、障害者手帳を持つことも障害年金を受給することもなく、なんの福祉サービスを受けることもないまま、両親が亡くなるまで家庭の中でひっそりと暮らしてきたと考えられます。

まさにすべてが親頼みだったわけです。それだけ親御さんがお子さんを大切にいつくしんできたともいえますが、見方を変えれば「障がいのあるこの子は、家で静かに過ごす以外のことはできないだろう」というあきらめが先に立ち、お子さんの素質や可能性について考えが及ぶことはなかったともいえるのです。

・「8050問題」は障がい者のいる家庭では今に始まったことではない

今、「8050（はちまるごまる）問題」が話題になっています。

8050問題とは「80代の高齢の親が50代の仕事に就いていない引きこもりの子どもと一緒に暮らし、経済的な面も含めて支援している状態」を表すものです。「健康で働ける50代が家に引きこもり、老いた親の年金をあてにして暮らすのは問題だ」という論調で語られることが多く、いずれ親が亡くなったあと、経済的なことを含め生活全般が立ち行かなくなることは目に見えているので、社会的な支援による解決が必要だと認知されるようになりました。

しかし障がいのあるお子さんのいる家庭では、８０５０問題が取り沙汰されるはるか昔から、老いた親御さんがお子さんの面倒を見続けるという状況が当たり前のように続けられてきました。福祉関係の方に寄せられる相談も「自分が死んだらこの子はどうなるのか、行く末が心配でたまらない」というものが多いそうです。

◆障がい者を孤立させない取り組み

富山県の障がい福祉関係者の話によれば、障がいのある人の中には早期に訓練を受けることである程度の就労ができるレベルまで到達する可能性の高い人が多いそうです。早い段階で生活訓練のための施設に入って他者との共同生活に慣れ、作業所に通うなどすれば、ある程度のスキルと社会性を身につけることができるはずです。また、親御さんにとってもお子さんの行き先が決まるということは、非常に安心なことだと思います。

先の福祉関係者の話では、もっと早くから訓練を始めていればよかったのにと思われるケースが散見できるとのことでした。親御さんが亡くなって施設に入所したとき数を数えるのもおぼつかないまま50歳になっているケースもあるそうです。

健常者にも教育が欠かせないのと同様、障がいのある人にも教育は不可欠です。教育(生活訓練)を受けることによって、親御さんが亡くなったあとも社会に溶け込んで生きることができるからです。

そして、障がい者を孤立させないための取り組みのひとつが、この本のテーマである障がい者グループホームなのです。

・障がい者グループホームとは

家庭では世話をすることが困難な重度の障がいがあったり、親御さんが亡くなったあと保護者がいなかったりする方々が暮らす施設は、かつて「入所施設」と呼ばれていました。

入所施設の多くは人里離れた辺鄙な場所にあることが多く、そこに入所している人は地域社会から隔絶された状態で生活することを余儀なくされていました。

そこで厚生労働省は障がい者を隔離するのではなく、健常者とともに地域生活を営むためのグループホームの数を増やし、そこで障がい者の方たちに暮らしてもらう「地域包括ケア」の方針を打ち出したのです。

これが障害者総合支援法に基づく「地域移行支援事業」で、２０１３年（平成25年）４月から実施されています。

当初は重度の障がいのある人が入所するのはケアホーム、障がいの程度が中軽度の人が入所するのはグループホームという区分けがありましたが、平成26年４月にいずれも「グループホーム」に一本化されました。

障がい者グループホームは「共同生活援助事業」として地域移行支援事業の中核をなすものです。グループホームに入所する障がいのある人に対しては、入浴、排せつや食事の介助、調理、洗濯、掃除などの日常生活全般をサポートする福祉サービスが提供されます。グループホームで生活することそのものが、障がいのある人たちにとっては自立訓練につながります。

また、グループホームに入所している人のなかには就労している人も大勢います。障がいの程度によりますが、就労支援を行う福祉事業所に通所して仕事をすることができるようになれば、経済的な基盤をより盤石なものにすることが可能になります。

障がいのあるお子さんを親御さんが抱え込んでしまい、身動きが取れなくなっているケースが多いとお話ししましたが、そうなってしまうのは、今どんな障がい者福祉サービスがあり、どうすれば利用できるかを知らないからです。

お子さんにとってもグループホームから仕事に通い、規則正しい生活をすることが、いつまでも親の庇護のもとで暮らすよりもプラスに働く面が多いのではないかと思います。

◆障がい者グループホームの数は圧倒的に不足している

障がいのある人の新たな生活の場として期待されているグループホームですが、障がい者の数に対して数が圧倒的に足りないという現状があります。

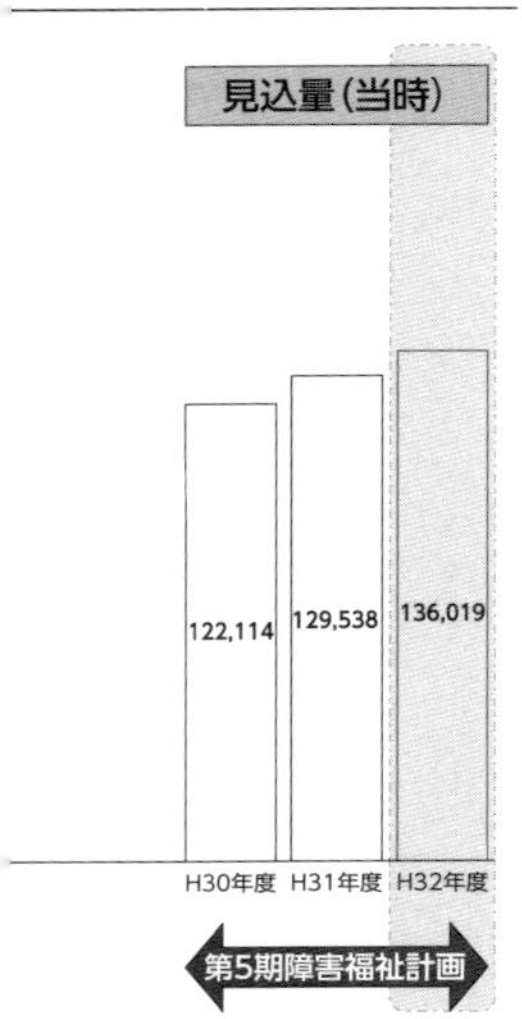

▶障がい者グループホームの利用見込みは増える

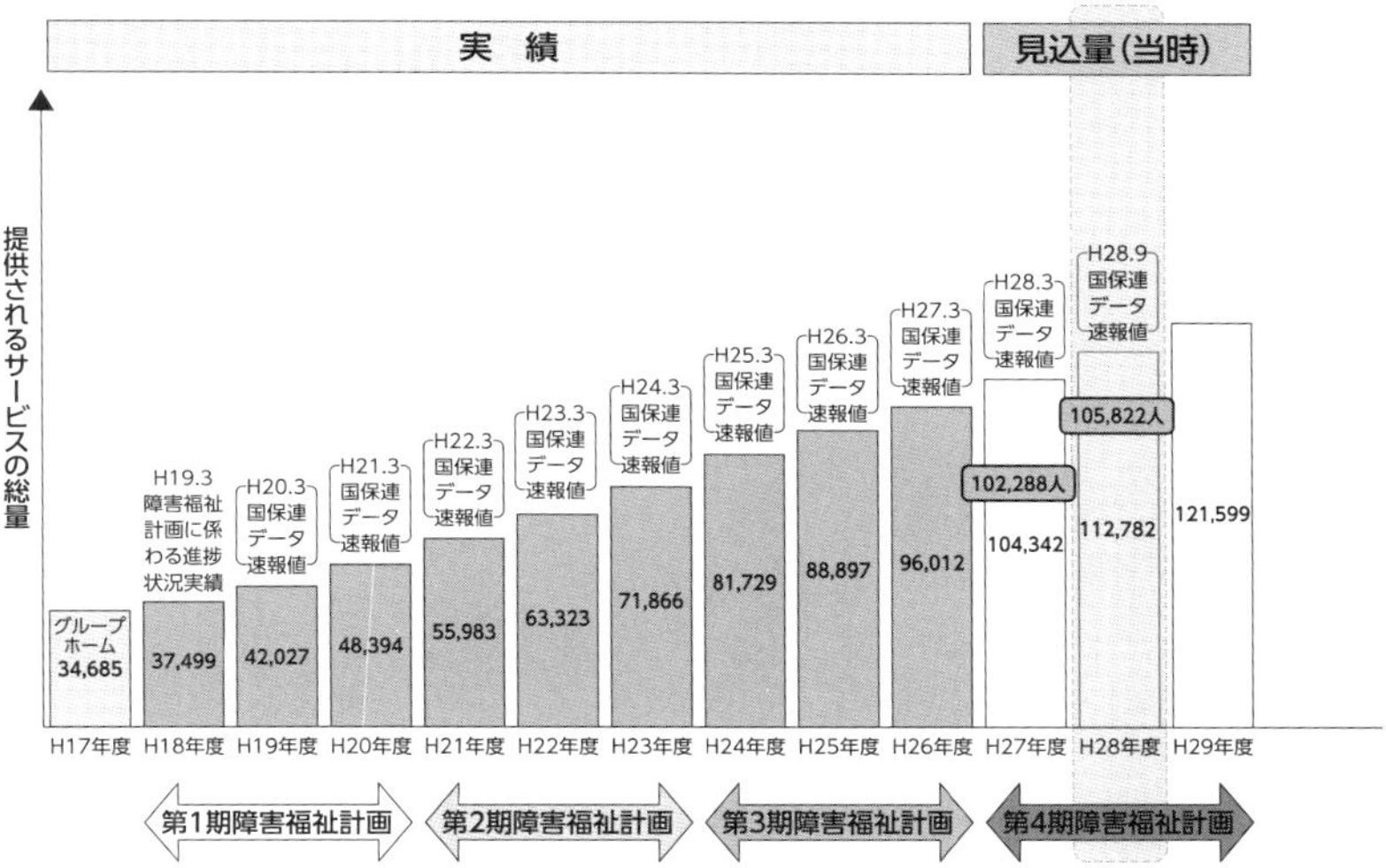

■各自治体が定めた3年毎に障がいサービスの必要量の計画を策定している
■障がい者グループホームの必要量が増加しており、平成32年には**約13.6万人**の利用が見込まれていた

出典：厚生労働省

2019年末における全国の障がいのある人の数に対するグループホームの供給率は、わずか6%でした。富山県に至っては、グループホームの総数1017戸で供給率はわずか1・63%というありさまです。

障がいのある人の仕事場である福祉事業所の関係者の方から「障がいのあるお子さんをもつ親御さんから『私たちがいなくなったあと、この子の行く末が心配だ。お宅で障がいのある人たちが暮らす施設をつくってくれないか』と言われることが増えてきました」という話をよく聞きます。しかし、需要に対して供給がまったく追いついていないのが実情です。その切実な要望に応えていくことが、社会的に求められているのが今なのです。

第2章

障がい者の自立へ向けた第一歩を支援するグループホームとは

◆グループホームの定義

障がい者グループホームは、知的障がい・精神障がい・身体障がいのいずれかの「障害者の日常生活及び社会生活を総合的に支援するための法律（障害者総合支援法）」第5条に規定された「共同生活援助」という福祉サービスの一種です。

障害者総合支援法第5条第17項では次のように定義づけられています。

この法律において「共同生活援助」とは、障害者につき、主として夜間において、共同生活を営むべき住居において相談、入浴、排せつ又は食事の介護その他の日常生活上の援助を行うことをいう。

いささか難しい言い回しではありますが、ざっくりいうと障がいのある人たちが複数集まり、グループホームで働く人たちの支援を受けながら共同生活をする寮（寄宿舎）のようなものです。

障がい者グループホームに入居することができるのは、18歳以上の障害者手帳が交付されている人です。障害者手帳は自治体から交付されます。

以前は65歳になると介護保険の対象となるため、高齢者グループホームに移行していましたが、現在は65歳に達してもそれまでと同じグループホームで生活できるようになりました。

入居を決意された理由は、次のいずれかに当てはまることが多いようです。

〈ケース1〉親が高齢者施設に入居することに

これまで親に世話をしてもらいながら実家で生活してきたが、親自身が高齢者施設に入ることになった。どこか入居できる先はないか自治体の福祉課に相談したところグループホームを紹介された。

〈ケース2〉将来を考えて

いずれ親は先に亡くなってしまう。そうなったときに兄弟姉妹に負担をかけるわけにはいかない。今のうちから一人暮らしに慣れておかないとあとあと大変なことになると考え始めたとき、グループホームのことを知った。

〈ケース3〉自立の第一歩として

高校や大学などの卒業を控えた生徒・学生。障がい者枠で就職が決まっているので、社会人として自立したいと思うようになった。まずは親元を離れたいが、いきなり一人暮らしをするのは不安があり踏み出せずにいた。そんなときにグループホームを知り入居を決意した。いずれは福祉のサポートを受けつつ、一人暮らしをしてみたい。

グループホームの入居者の方々には、食事や清掃など日常生活のサポートなどの福祉サービスのほか、必要に応じて入浴や排せつ、または食事をする際の介護サービスが提供されます。

障がいのある人は一人暮らしが困難だったり、ご家族しか話をする相手がいなかったりと、孤立しやすい面があります。障がいに応じた必要なサービスを提供してもらいつつ、同じような心身の状態にある人たちと地域社会に溶け込んで共同生活をすることで、孤立を防いだり生活することへの不安を軽減したりすることができ、身体や精神状態の安定が期待できます。

特に将来のある若い方々にとっては、親元を離れて就業しながらグループホームで生活することに自体が、さまざまな点で精神的な成長を促すことにつながり、ほかでは得難い経験になっていくと思います。

そんな成長の機会を提供するのが障がい者グループホームなのです。

・規模の小さなグループホームが多い理由

障がい者グループホームは知的障がいのある人が暮らす施設として誕生し、のちに精神障がいのある人も入居対象となりました。

高齢者のグループホームに比べてあまり知られてこなかったのは、障がい者グループホームの規模が総じて小さかったことと無関係ではないと思います。最近でこそ定員が10人〜20人などのグループホームもちらほらと出てきてはいますが、現状ではまだ中古住宅を改修した定員３〜４人などの小さな規模のグループホームにしているケースが圧倒的多数です。

というのも、グループホームの運営者自身に障がいのあるお子さんがいて、子どもの将来を案じて「それならば、自分の子を孤立させず、よその障がいのあるお子さんのお世話もできるように」という動機で始める方が多かったからです。

ＮＰＯ法人や合同会社などが運営母体となっているのも同じような理由からで、大きな借り入れもできないため自宅を改修したり、古いアパートを購入したりしてグループホームにしているケースが多々あります。最初から複数の障がい者が入居することを想定して設計・建築されたものではないので、オペレーションが悪いのは否めません。例えばトイレ・洗面などの水回りが１世帯分しかないため混雑がひどかったり、古い家が多いので冷暖房効率が悪かったりしていることが多く、新規の入所希望者はまずいないだろうなと思えるような建物も多いです。

それでもグループホームである以上、必要な人員は満たさなければならないため、人を雇うのですが、その分の人件費は当然かかります。利益はますます少なくなり、経営者はボランティアのようなつもりでないと到底続けることはできなくなってしまいます。

そのため障がい者福祉関係者の間では「グループホームは儲からない」というのが定説になっています。

グループホームを経営している人に「どうなの？　グループホームって」と尋ねると、返ってくるのは「儲からないからやめたほうがいいよ」という言葉ばかりです。そう言われて「やってみよう」と思う人はまずいないはずです。

やっている人が儲からないとぼやく
←
やろうと思う人が増えない
←
障がい者の数は増えるのにグループホームは増えない
←
障がい者の行き場がなくなる

という悪循環に陥っているのです。

◆障がい者グループホームにとって大切なのは「利益を出すこと」

私たちは小さな規模でやっている限り、利益は決して出ないと考えています。グループホーム経営は、ある程度の規模で初めて事業として成立するものだからです。

「事業として成立する」というのは大変重要な要素です。グループホームを長期間にわたって維持していくうえで、しっかりと利益を出していくことはマストな条件だからです。

現在、入居者の平均年齢は47・6歳ということなので（平成30年度厚生労働省「グループホームを利用する障害者の生活実態に関する調査研究」）、この方々にはまだ30年近くの人生が残されていることになります。ずっと同じグループホームで生活するにせよ、途中で福祉サービスを受けながら一人暮らしをすることになるにせよ、まずは最初に入ったグループホームが安定的に運営されることが入居者の方々の人生を左右することになります。共同生活を通じて入居者のもつ力や可能性を最大限に引き出すものになるかどうかは、グループホームの運営基盤がしっかりしたものであるか否かにかかっているといっても過言ではありません。

入居者にとっても、そこで働く人にとっても、そして経営者側にとっても「しっかり利益を出す」ということは「三方よし」になります。そのためには、事業として成立するようある程度の規模で行うべきです。

きちんと収益が出る、社会的意義のある事業なのにそこがなかなか理解されていないの

▶障がい者グループホームの建物イメージ

今あるグループホームは中古の戸建て物件やアパート・マンションを改修したものがほとんどで、築20年以上の古い物件にはスプリンクラーなどの設備もないことが多い

が残念です。

障がい者グループホームの設置基準

では、ここで障がい者グループホームを新たに設立するためにはどんな基準があるのかを説明しておきます。

①　設置場所について

厚生労働省の資料によれば、設置場所は住宅地または住宅地と同程度に利用者の家族や地域住民との交流の機会が確保される地域、とされています。人里離れた山の中などは「地域社会で生活する」というグループホームの目的に合致しません。

② 最低人員について

入居者の定員は、新築の場合、グループホーム1棟につき2人以上10人以下とされています。なお、既存の建物を利用する場合は、20人まで定員要件が緩和されます。

③ 居室について

居室1つにつき定員は1人とされています。つまり入居者全員に個室を割り当てられるようにしなければなりません。

なお例外的に入居者にサービスを提供するうえで必要と認められた場合に限り、同室に2人居住することができます。

個室の面積は収納設備を除いて7・43㎡（約4・5畳）以上とされています。

④ ユニットについて

入居者は最大10人の生活単位（ユニット）で生活することになります。例えば定員20人のグループホームであれば、最低でも2つのユニットに分かれて暮らすことになり、ユニットごとに次の設備が必要になります。

・交流を図る設備

入居者それぞれの個室のほか、入居者同士が交流を図ることのできる居間や食堂など、たくさんの人が集まることのできる部屋が必要です。

・台所、トイレ、洗面設備、浴室など

建物のタイプはアパート、マンション、一戸建てのうちどれでもよく、賃貸・法人所有・個人所有のいずれでもかまいません。

障がい者グループホームの設備基準には、高齢者向けの施設で定められているような、「廊下の幅が○m以上」とか、2階建ての場合はエレベーターが必要といった規制がほとんどありません。

高齢者施設が身体機能の衰えを前提にしているのに対し、障がい者グループホームの入所者として想定されているのは主に知的障がいや精神障がいのある人たちだからです。

もちろん重度身体障がいのある人のためのグループホームも存在し、その場合はオペレーションをよくするために廊下の幅を広くしたり、2階建てでエレベーターをつけていたりする施設もありますが、現在のところグループホーム制度上の規制はありません（ただし、地方自治体の見解により消防法・建築基準法上の規制がある場合もあります）。

▶障がい者グループホームの設置基準

設置場所	▶住宅地または住宅地と同程度に利用者の家族や地域住民との交流の機会が確保される地域にあること ▶入所施設または病院の敷地外にあること
最低人員	▶事務所全体で4人以上 ▶共同生活住居1か所あたりの定員は2人以上10人以下（既存の建物を利用する場合は2人以上20人以下）
居室	▶1つの居室の定員は1人とする。ただし、利用者のサービス提供上必要と認められる場合は、2人とすることができる ▶居室の面積は、収納設備を除く、7.43m^2（約4.5畳）以上
交流を図る設備	▶居室に近接して設けられる相互に交流を図ることができる設備（居室、食堂等）
台所、トイレ、洗面設備、浴室	▶10人を上限とする生活単位ごとに区分して配置

（厚生労働省の資料をもとに作成）

◆障がい者グループホームの種類

障がい者グループホームには、軽度の障がいのある人が入居する「介護包括型グループホーム」「外部サービス利用型グループホーム」と、中重度の障がいのある人が入居する「日中サービス支援型グループホーム」の3種類があります。

いずれのグループホームでも入居することができるのは18歳以上です（18歳以下の人は「児童」となるため、児童向けの施設に入居します）。以前は65歳になると介護保険が適用されるため、高齢者グループホームに移行せざるを得ませんでした。入居者の方々にしてみると、長年暮らし慣れた施設を離れ、知らない人たちに囲まれ知らない土地で暮らすことになるなど、精神的負担が大きくなることもしばしばでした。

そこで現在は65歳に達してもそれまでと同じグループホームで生活できるようになりました。

(1) 介護包括型グループホーム

軽度の障がいのある人のなかには、一般企業で働くことのできる人や、企業で働くことは難しくても障がいの程度や体調に合わせて自分のペースで働く準備のできる就労継続支援の対象となる事業所で就労している人がいます。

こうした方々の生活の場となるのが介護包括型グループホームで、ホームを運営する事業者の経営者やそこで雇われて働く、世話人（＝日常生活上の世話をしたり相談に応じたりする人）と生活支援員（＝介護を担当する介護スタッフ）と呼ばれる人によって主に夜間にサービスが提供されます。

このタイプで提供するサービスは

i　基本サービス＝日常生活の援助等

ii　利用者の個々のニーズに対応する介護サービスです。

具体的には次のようなものです。

①　お風呂、トイレ、食事等の介助

②　調理、洗濯、掃除等の家事

③　日常生活・社会生活上の相談および助言

④　就労先やその他の関係機関との連絡
⑤　その他の日常生活上の援助
グループホームのなかには、障がいの状態によって介護を必要とする人としない人が混在することになります。例えば入居者Aさんにはお風呂・トイレ・食事の際の介助が必要だけれども、Bさんには必要ないということもあるのです。包括型グループホームの特徴は、介護を必要とする人に対するサービスもグループホーム事業者が自ら行うという点にあります。そういう意味で「介護包括型」なのです。

そのため原則として外部のホームヘルパー（居宅介護事業者）のサービスを利用することはできません。


包括型グループホームの場合、親御さんや本人の希望もあり、土日は自宅で過ごされる入居者も多いようです。入居者がいない時間帯は介護スタッフをおく必要がなく、その分人件費がかからないため運営がしやすく、働く人も集めやすくなる部分はあります。

なお、包括型グループホームは既存のものを除いて新築の場合、1棟あたり10戸（部屋）しか建設することができないルールになっています。入居者を増やしたい場合は、同

▶介護包括型の場合

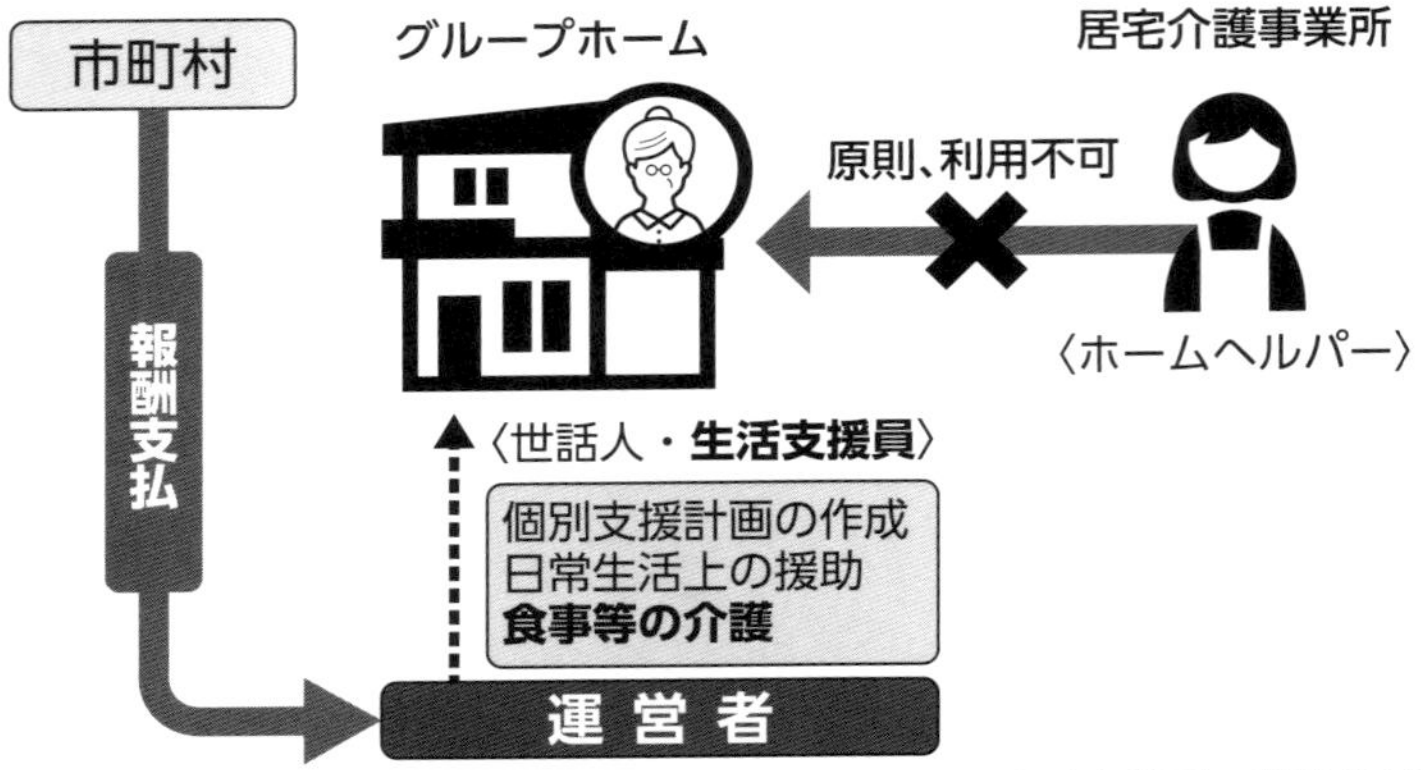

介護サービスについては、従来のケアホームと同様に当該事業所の従業者が提供。利用者の状態に応じて、介護スタッフ（生活支援員）を配置

一敷地内に2棟建設することができます（ただし、地方自治体の判断によって異なる場合もあります）。

・包括型グループホームの一日

平日は朝起きて、グループホームで働く人が用意した朝食をとり、それぞれ自分の職場に向かいます。通勤は基本的には公共交通機関を利用する人が大半で、なかには自転車を利用したり、徒歩で通ったりする人もいます。

このことはすなわち、包括型グループホームの建設に適した立地は平日の通勤時間帯に電車やバスが通っているような場所であるということを意味します。仮に日中の何時間か電車もバスも通っていないところであっても、朝夕の決まった時間に公共交通機関が動いていれば立地として問題ありません。なお、一部の就労支援事業所（障害のある方の一般企業への就職をサポートする通所型の福祉サービス）ではマイクロバスなどで送迎してくれるところもあります。

いずれにしろ入居者は自力で職場に行くか、福祉事業所からの送迎車で行くことになるため、グループホーム側が入居者の通勤のために何かをしなければならないということはありません。夕方になると就業先から公共交通機関もしくは事業所の送迎車でグループホームに戻ります。

調理や清掃は基本的に入居している人が手伝えるのが望ましいとされているので、当番表などを作って配膳やごみ捨てを交代で行ったり、入浴の順番も入居者間で決めたりしているようです。

自宅にいるときは親御さんや兄弟姉妹にすべての世話をしてもらっていた方にとって、共同生活を通じて自分の果たすべき役割を知るいい機会になります。特に女性の入居者の方が多いグループホームでは、多くの人が配膳などを率先して手伝いたがって収拾がつかなくなるので、「やらなくていい人」の当番決めをしているというほほえましい話も聞い

▶外部サービス利用型の場合

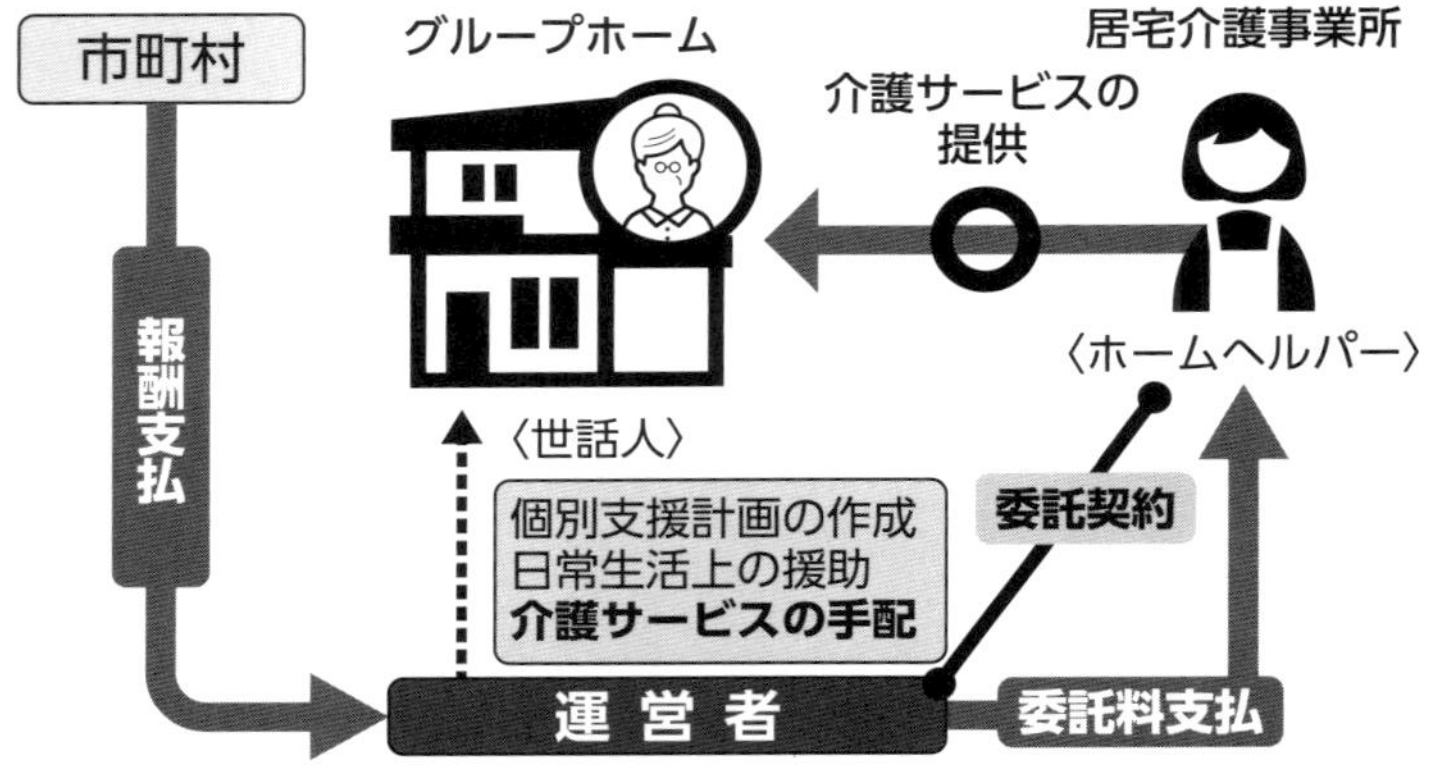

介護サービスについて、事業所はアレンジメント（手配）のみを行い、外部の居宅介護事業者などに委託。介護スタッフ（生活支援員）については配置不要

たことがあります。

（2）外部サービス利用型グループホーム

入居の対象となるのは、介護包括型と同じく軽度の障がいのある人です。

包括型グループホームとの相違点は、介護サービスを内部で行うか外部に委託するかという点にあります。

外部サービス利用型の場合、事業所は必要な介護サービスの手配のみを行い、事業所が委託契約を結んだ指定居宅介護事業者が行います。そのため内部に必要な人員は、包括型よりも少なくなります。

外部サービス利用型に入居する人の一日

は、包括型の人と同様、日中は外に出て就労します。土日は原則的にサービスが提供されませんが、アパートなどを利用している場所ではほぼ一人暮らしの感覚で土日もそこで過ごす場合が多いようです。

(3) 日中サービス支援型グループホーム

平成30年に新設されたのが、常時介護を必要とする重度の障がいのある人を支援することを目的とした日中サービス支援型グループホームです。

夜間を含む１日を通して内部のスタッフが生活上のお世話や介護を行います。業務を内部でまかなうという点は、包括型と同じです。

名称に「日中サービス支援」とあるのは、包括型は障がいが軽度な入居者が日中は外部で就業することを前提とした「主に夜間のみのサービス提供」であるのに対し、こちらの入居者の方々には重い障がいがあるため日中もサービス提供を行うグループホームだからです。

必然的に軽度の障がいのある人が入居するグループホームに比べ、多くの人員が必要となります。

1つの建物の入居定員は20人と、包括型や外部サービス利用型よりも多くなっています。また入居者の個室のほかに　入居者以外の重度の障がいのある人が一時的に滞在する（短期入居する）ことのできる部屋を1～5室用意しなければならないため、建物の面積は大きくなります。

なお、私の会社は障がい福祉サービス全般を行っている事業者さんをご紹介するという形で、グループホーム事業のプランを提案しています。

そのためグループホームの3つのタイプのうち、事業者が内部ですべてのサービスを行う（1）の介護包括型グループホームおよび（3）の日中サービス支援型グループホームのいずれかの提案となっています。

以下、グループホームに関する説明は、外部サービス利用型についてのものではなく、介護包括型と日中サービス支援型のものになります。

◆障害支援区分とは

障がいの特性や心身の状態に応じて必要とされる支援の度合いを表すのが「障害支援区

分」で、必要とされる支援の度合いが低い支援区分1から最も高い区分6までの6段階があります。

障害支援区分によって受けられるサービスが異なります。

障害支援区分は

1　移動や動作等

2　身の回りの世話や日常生活等

3　意思疎通等

4　行動障害の有無と状態

5　特別必要な医療

に関連する分野について全80項目の調査を行い、その調査結果を踏まえて医師の意見書の内容を総合的に勘案して審査判定、自治体が認定します。

どの区分の障がいのある人が何人いるかによって、グループホームのスタッフ配置が決まってきます。

◆必要人員について

介護包括型・日中サービス支援型ともにグループホームを運営する事業者が確保・配置すべき人員は次のとおりです。

① **管理者**…サービス提供に必要な知識や経験をもっている人で、施設の管理者です。グループホームを管理するうえで支障がなければ、同一事業所のほかの職務（次に挙げるサービス管理責任者など）やほかの事業所・施設との兼務もできます。

② **サービス管理責任者**…入居者の支援に関する総責任者です。実務経験や都道府県が行う研修の受講など、一定の要件を満たすことが求められます。業務内容は入居者の個別支援計画の作成や、グループホームで働いている人の技術指導、関係機関との連絡調整などです。

必要な人数は、利用者の数によって異なります。

利用者が30人以下の場合…１人以上

利用者が31人以上60人以下の場合…２人以上

▶サービス管理責任者の資格要件

資格取得に必要な業務	実務経験年数
相談支援業務	5年以上
直接支援業務 （社会福祉主事任用資格等を有する場合）	5年以上
直接支援業務 （社会福祉主事任用資格等を有しない場合）	8年以上
国家資格等による業務に 通算3年以上従事している人が おこなう相談支援業務 および直接支援業務	3年以上

出典：サービス管理責任者になるには？資格の取り方や要件を解説｜就労移行支援事業所チャレンジド・アソウ

サービス管理責任者になるには、相談支援業務や直接支援業務の実務経験が必要です。

〈相談支援業務の場合〉以下のいずれかの業務に5年以上従事していること

1　施設などでの相談支援業務（障がい児相談支援事業・障がい者支援施設、市町村役場など）

2　就労支援に関する相談支援の業務（障がい者職業センター・生活支援センターなど）

3　特別支援教育の進路相談・教育相談の業務（盲学校・特別支援学校など）

4　保健医療機関での相談支援業務従事者で、社会福祉主事任用資格保有者や訪問介護員2級以上に相当する研修修了者、国家資格の保有者など

5　都道府県知事が認めた業務

〈直接支援業務の場合〉

• 実務経験のみで資格要件を満たす場合……以下のいずれかの業務に8年以上従事していること

1　施設や医療機関などでの介護業務

▶配置すべき人員

資格者はサービス管理責任者のみ	▶ホームヘルパー 2級以上や看護師の資格をもっている方で、5年以上実務経験があれば資格要件を満たしている（障がい福祉サービス経験者がベター）
サービス管理責任者のほかに、世話人、生活支援員が必要	▶ただし、パートやアルバイトの方でもOK

管理者	▶サービス提供に必要な知識および経験を有する者・常勤（法人）1人（管理上支障がない場合は、当該事務所の他の職務、または、他の事務所、施設の職務に従事可能）
サービス管理責任者	■利用者の数を30で除した数以上 ▶利用者が30人以下　1人 ▶利用者が31 ～ 60人以下　2人
世話人	■常勤換算 ▶利用者の数を6で除した数以上（世話人を「5：1」「4：1」で配置した場合は報酬に反映） ▶外部サービス利用型グループホームの場合、制度改正時に「10：1」の配置であれば当分の間10：1の配置が可能
生活支援員	■常勤換算 ▶障がい支援区分3の利用者を9で除した数 ▶障がい支援区分4の利用者を6で除した数 ▶障がい支援区分5の利用者を4で除した数 ▶障がい支援区分6の利用者を2.5で除した数 の合計以上 ▶外部サービス利用型グループホームの場合、生活支援員の配置は不要

（厚生労働省の資料をもとに作成）

2　障がい者雇用事業所での就業支援業務
3　職業教育業務（盲学校・ろう学校・特別支援学校）
4　都道府県知事が認めた業務
・社会福祉主事任用資格を有する場合……右記の業務に5年以上従事していること
・国家資格保有者の場合……以下の2点を満たしていること
1　先述の相談支援業務・直接支援業務の従事期間が通算3年以上
2　国家資格による従事期間が通算3年以上
＊国家資格：医師、歯科医師、薬剤師、保健師、助産師、看護師、准看護師、理学療法士、作業療法士、社会福祉士、介護福祉士、視能訓練士、義肢装具士、歯科衛生士、言語聴覚士、あん摩マッサージ指圧師、はり師、きゅう師、柔道整復師、管理栄養士、栄養士、精神保健福祉士

③　**世話人**…資格要件はありません。
業務内容は入居者の食事づくりや健康管理、お金の管理の援助、相談に応じるなど。世話人は入居者にとっては最も身近な存在です。

必要な人数は常勤換算（週40時間労働で換算）した場合、利用者6人に対して世話人1人以上です。

④　**生活支援員**…障害支援区分3以上の入居者がいる場合に必要な人員です。業務内容は食事や入浴・排せつ時の介護など。資格要件はありません。必要な人数は利用者の障害支援区分によって異なります。
障害支援区分3の場合…利用者9人に対して1人以上
障害支援区分4の場合…利用者6人に対して1人以上
障害支援区分5の場合…利用者4人に対して1人以上
障害支援区分6の場合…利用者2・5人に対して1人以上
となっています。

障がい者グループホームの人員基準は、認知症グループホームに比べるとゆるくなっています。
また認知症グループホームでは、採用時に介護職員初任者研修修了者（以前のホームへルパー2級に相当）や介護福祉士などの資格を求めているケースが多く見られますが、障がい者グループホームの場合、そもそもサービス管理責任者以外には資格要件がありません。

どちらが求人しやすいかというと、圧倒的に障がい者グループホームのほうです。世話人をされている方の中には、定年退職したあと「年金だけでは生活費が足りないので、どうせなら世の中の役に立つ仕事をしたい」という動機で今の職に就いたという方が少なくありません。

◆障がい者グループホームの収益はどうなっている？

障がい者グループホームの収益源は

①　入居者の支払う家賃等

②　国民健康保険国体連合会（略して「国保連」）を通じて自治体から支給される給付金

の2つです。

①　入居者が支払うべきものとは？

毎月入居者が支払う家賃、食費、光熱費などが、グループホームの売上になります。

ただしここからはほとんど利益は出ません。家賃は自社運営なら建物のローン返済に充てられますし、建て貸しであれば家賃としてそのまま大家に払うことになります。食費・光熱費もほぼ実費となるので、ここから利益が生まれることはないと考えてください。

②　国保連から支給される給付金

障がい者グループホームには国保連から入居者の区分と人数に応じて、給付金が給付されます。グループホームにとって収益となるのは、この国保連からの給付金です。給付金には入居者の人数に応じて給付される「基本給付金」と、施設設備や従業者の勤務体制等に応じて加算される「加算金」があります。

・入居者の収入

軽度の障がいのある人を対象とした介護包括型では、入居者の多くは就業しており、なんらかの収入を得ています。

では重度の障がいのある方が入居している日中サービス支援型はどうかというと、家賃等が親頼みだとすれば、親亡きあと収入源が断たれることになってしまいます。それではグループホームの運営側にとってはリスクが高くなります。

でもリスクの心配はなく、入居者のほとんどは国から「障害基礎年金」という一定の障がいの状態にある人が受給することのできる年金を受給しています。

障害基礎年金には障害の程度に応じて1級と2級があり、2021年現在、それぞれの額は次のようになっています。

障害基礎年金1級…97万6125円（月額8万1343円）

障害基礎年金2級…78万900円（月額6万5075円）

障害基礎年金は偶数月（2月、4月、6月、8月、10月、12月）に、前2月分が支給される仕組みになっています。

なお会社勤めをしているとき（＝厚生年金の被保険者だった期間）に初診日のある傷病が原因で一定の障がいが残った際には、あわせて障害厚生年金も支給されます。障害厚生年金の額はその人がもらっていた給与とボーナスの額や厚生年金の被保険者だった期間の長さにより異なります。

つまり障害基礎年金1級の人にはあわせて1級の障害厚生年金が、障害基礎年金2級の人には2級の障害厚生年金が支給されることになっているのです。

また障害厚生年金には1級と2級のほかに3級があります。3級の人には障害基礎年金は支給されないため、最低保証額として58万5700円（月額4万8808円）が支給される仕組みです。

もっとも障害基礎年金を受給するには、一定の国民年金保険料を納めていたことなどの条件があります。その条件を満たしていないと、障害基礎年金はもらえませんが、グループホームに入居する方の場合、代わりに生活保護の対象になります。

障害基礎年金といい生活保護といい、国が給付主体になっているわけですから、グループホームの家賃等は「国が担保してくれている」ようなものです。オーナーにとっては大きなメリットといえます。

・家賃等の設定はどうする？

入居者には「家賃助成」として国から一人あたり1万円が支給されています（ただし受給にあたって諸条件を満たしている必要があります）。

グループホームにかかる費用は基本的には前述した障害基礎年金の範囲内に収まるよう、月約6万5000円以内に入居費を抑えて、自分のお小遣いは就労分や親からもらうようなイメージです（例：家賃4万円・食費2万円・水道光熱費1万円・日用品費3000円・家賃助成1万円、合計6万3000円）。

なお、家賃助成については、

・国から上限1万円（家賃が1万円未満は実費）で補助が出る
・生活保護受給者か住民税が非課税の方が対象（障害基礎年金も所得に含まれる）
・生活保護の住宅扶助適用者であれば地方自治体ごとに定める住宅扶助上限額の範囲で助成金がもらえる

となります。生活保護の住宅扶助の金額が自治体によって異なるので金額の差異が出ますし、自治体ごとにグループホームのために別途補助制度を設けたりしているところもあるようです。

例えば東京都の場合、家賃助成の金額は最大3万4000円となっています。

第3章

グループホーム経営を成功させる収支パターンと建設プラン

◆「福祉で金儲けなんて……」は何も生まない

障がい者グループホームを運営する福祉事業者の形態は、現在のところ社会福祉法人やNPO法人（特定非営利活動法人）が多くなっています。株式会社として大きく展開しようとしている事業者もないことはありませんが、まだほとんどが小規模です。

そして世間一般の障がい者福祉にあまり縁のない人はいうまでもなく、福祉関係者ですらその多くが「福祉で金儲けをするなんて……」という意識をもっています。障がい者福祉関係者は清貧でなければいけない、お金を欲しがるなんてもってのほか、福祉でお金を儲けようとするのは障がい者を食い物にするようなものだ、という信念を抱いているかのようです。

しかし逆に私は「いつまでも儲からないやり方をしていて、誰にどんなメリットがあるのですか?」と尋ねたくなります。

まず事業者について、儲からない事業所では人件費負担が大きくなります。すると事業者はなるべく人件費を払わずにすむように、従業者を雇わず自分や自分の家族ですべての業務をこなそうとします。

率直にいえば「ただ働き」です。

事業者自身やその家族が納得しているのであればよいのかもしれませんが、「事業の継続」という観点からすると大問題です。

もしも中心的人物として福祉サービスの多くの部分を担っている事業者に、万一のことがあったらどうなってしまうでしょうか。入居者に対する福祉サービスが適切に提供されなくなり、入居者は次の入居先を探さなければなりません。事業者として入居者に著しい不利益を被らせることになってしまいます。

◆入居者3人の介護包括型グループホームの収支を見てみよう

では、実際に規模の小さなグループホームの収支がどうなっているのか、数字を見てみます。

※地域単価10円の富山県の場合。地域単価とは、もともと定められている報酬単位というものに地域単価をかけて金額を出すものです

5．人件費

週常勤換算時間設定	40 時間	
一日当たり時間数	5.71 時間	
日中時配置人数・日数	1 人	8 日
短期入所日中配置人数・日数	0 人	0 日

	※24時間表記			時間数
夜間時間設定	22 時	～	5 時	7 時間
日中時間設定	9 時	～	16 時	7 時間
一日当たり夜間人員	1 人	夜間日数		30 日

職種	必要人員	必要時間	備考		時給	月給
管理者	1.0 人	160 時間			0 円	0 円
サービス管理責任者	1.0 人	160.0 時間			1,800 円	288,000 円
世話人	0.4 人	64.6 時間			950 円	61,343 円
短期入所生活支援必要人員		0.0 人	※必要人員は入居区分ごとの人数÷所定の人員で計算			
生活支援員	0.0 人	0.0 時間	区分3÷	9 人	1,000 円	0 円
夜勤者	1.3 人	210.0 時間	区分4÷	4 人	1,188 円	249,375 円
調整スタッフ	0.0 人	0.0 時間	区分5÷	6 人	950 円	0 円
合計	3.7 人	594.6 時間	区分6÷	2.5 人		598,718 円

※サビ管が世話人・管理者を兼務

福利厚生費	0.13	77,833 円	人件費率	94.3 %

6．損益計算

	障がい者グループホーム保険収入	575,127 円	80.2 %
	住宅部分収入	142,200 円	19.8 %
		717,327 円	100.0 %
	人件費	676,551 円	94.3 %
	その他固定費	33,000 円	4.6 %
	その他変動費	97,200 円	13.6 %
		806,751 円	112.5 %
損益		−89,424 円	−12.5 %

固定費	交通費 等	3,000 円	
	保険料	3,000 円	
	レク・イベント費	3,000 円	
	研修費	3,000 円	
	消耗品費	3,000 円	
	通信費	3,000 円	
	修繕費	5,000 円	
	雑費	5,000 円	
	予備経費	5,000 円	33,000 円
変動費	給食費	64,800 円	
	水道光熱費	32,400 円	
	広告宣伝費	0 円	97,200 円

※広告宣伝費含まず

障がい者グループホーム（介護包括型）

地上２階建　全３戸　併設短期入所０戸　稼動日数30日　稼働率100%

1．利用分布…サービス（Ⅰ）／世話人基準4：1

障がい区分		支援費単価	利用人数	利用分布	利用累計	利用額
区分	1	2,430 円	0 人	0.0 %	30 日	0 円
区分	2	2,920 円	3 人	100.0 %	30 日	262,800 円
区分	3	3,810 円	0 人	0.0 %	30 日	0 円
区分	4	4,710 円	0 人	0.0 %	30 日	0 円
区分	5	5,520 円	0 人	0.0 %	30 日	0 円
区分	6	6,670 円	人	0.0 %	30 日	0 円
	合計	0人	3 人	100.0 %	30 日	262,800 円
				減算	100 %	262,800 円

平均区分	2.0	平均客単価	87,600 円

2．加算

	利用単価	利用人数	利用日数
福祉専門職員配置等加算Ⅲ	40 円	3 人	30 日
夜間支援体制加算Ⅰ（3：1）区分2以下	2,990 円	3 人	30 日
	円	人	日
	円	人	日
	円	人	日
加算合計		272,700 円	
処遇改善加算Ⅰ		39,627 円	

3．短期入所

	利用単価	利用人数	利用日数
	円	人	日
	円	人	日
	円	人	日
	円	人	日
	円	人	回
加算合計		0 円	
処遇改善加算Ⅰ		0 円	

4．月額費用

GH部分（月額）	
家賃	15,000 円
管理費	10,800 円
食費	21,600 円
小計	47,400 円
家賃補助_国	−10,000 円
合計	37,400 円

短期入所利用日数	日
家賃	円
管理費・食費	円
	円
小計	0 円

月額収入	142,200 円

このグループホームは定員3人（個室が3つ）の介護包括型グループホームです。包括型なので短期入所のための部屋はありません。また、既存建物を使用し、ローン等の返済はないものとします。

まず表の1～4までが収入となります。

1. 基本支援金の額です。このホームには障がい支援区分2の人が3人入居しています。区分2の1日あたりの支援費単価は2920円（世話人配置4：1の場合）。この月の稼働日数が30日とすると利用額は26万2800円となります。

2. 基本支援金に加算される部分を計算します。一定の資格をもつ人員を配置している、もしくは常勤職員の割合が一定以上の場合、福祉専門職員配置等加算が加算されます。
1日40円×入居者3人×稼働日数30日＝3600円……①
また、本来、包括型グループホームには夜間人員の配置は求められていないのですが、夜勤を配置した場合「夜間支援等体制加算額Ⅰ」が加算されます。

1日2990円×入居者3人×稼働日数30日＝26万9100円……②
加算額の総額は　①＋②＝27万2700円
さらに「処遇改善加算Ⅰ」の3万9627円が加算されます。処遇改善加算とは、従業者にキャリアアップのために資格取得の勉強をさせるなどをした場合に加算されるものです。
合計金額は31万2327円となりました。

3. 短期入所はないので、0円とします。

4. 入居者から支払われる金額です。
家賃1万5000円＋管理費1万8000円＋食費2万1600円＝4万7400円
3人分として14万2200円となります。
※新築なら家賃は4万円前後になりますが、今回は中古改修で空き家をそのまま使うので家賃は1万5000円に設定

1～4をトータルした結果、総収入は71万７３２７円ということが分かりました。

5．人件費を見ます。

この施設では管理者がサービス管理責任者を兼務しており、サービス管理責任者としての給与が

1時間あたり１８００円×１６０時間＝28万８０００円

世話人の給与が

1時間あたり９５０円×約64・６時間＝６万１３４３円

夜勤者の給与が

1時間あたり１１８８円×約２１０時間＝24万９３７５円

トータルすると59万８７１８円となります。

これに13％の福利厚生費がかかるとして

59万８７１８円×０・13＝７万７８３３円

人件費合計額は67万６５５１円です。

総収入に対する人件費率は

67万6551円÷71万7327円≒0・943

94・3％となります。

この94・3％というのが大問題です。

人件費率は6割未満というのが基本的な採算ベースになってくるので、ここまで人件費が高いと事業としては成り立っていないといわざるを得ません。

6．損益通算をしてみましょう。

総収入71万7327円－人件費67万6551円－その他固定費3万3000円－その他変動費9万7200円＝マイナス8万9424円

最終的な損益は月額マイナス8万9424円ということが分かりました。年額にするとマイナス107万3088円です。

「障がい者グループホームは利益が出ない」といわれても当然の金額です。

なぜこのようなことになるのかというと、それは「規模が小さすぎるから」です。

◆新築物件で定員が10人に増えると、収益は10倍以上になる！

では、規模が大きくなったらどうなるのか、新築の介護包括型グループホーム（定員10人）をモデルとして試算してみたところ、結論からいうと1カ月の収支は53万8908円、年額にすると646万6896円となりました。

先ほどの定員3人の包括型グループホームに比べると、月額で62万8332円、年額にすると753万9984円多いという試算結果です。

「グループホームは規模が大きくなると収益が増え、しっかり利益が出せる」ということを心に留めておいてください。

・包括型、定員10人の試算

83ページの表の1～4までが収入です。

1．基本支援金の額です。このホームには障がい支援区分2の人が5人、3の人が5人入居しているものとしました。区分2の人たちの支援金の額は

2920円×5人×30日=43万8000円
区分3の人たちの支援金の額は
3810円×5人×30日=57万1500円
5%の報酬減算があり、合計すると95万9025円となります。

2. 基本支援金に加算される部分を計算します。
福祉専門職員配置等加算Ⅲとなり
1日40円×入居者3人×稼働日数30日=3600円
夜間支援体制加算Ⅰの区分2が
1日900円×入居者5人×稼働日数30日=13万5000円
夜間支援体制加算Ⅰの区分3が
1日1130円×入居者5人×稼働日数30日=16万9500円
となり、加算額の合計額は30万8100円です。
さらに処遇改善加算Ⅰが加算されて合計40万1867円となります。

5．人件費

週常勤換算時間設定	40 時間	
一日当たり時間数	5.71 時間	
日中時配置人数・日数	1 人	8 日
短期入所日中配置人数・日数	0 人	0 日

※24時間表記

				時間数
夜間時間設定	22 時	～	5 時	7 時間
日中時間設定	9 時	～	16 時	7 時間
一日当たり夜間人員	1 人	夜間日数		30 日

職種	必要人員	必要時間	備考		時給	月給
管理者	1.0 人	160 時間			0 円	0 円
サービス管理責任者	1.0 人	160.0 時間			1,800 円	288,000 円
世話人	2.4 人	388.6 時間			950 円	369,143 円
短期入所生活支援必要人員		0.0 人	※必要人員は入居区分ごとの人数÷所定の人員で計算			
生活支援員	0.6 人	95.2 時間	区分3÷	9 人	1,000 円	95,238 円
夜勤者	1.3 人	210.0 時間	区分4÷	4 人	1,188 円	249,375 円
調整スタッフ	0.0 人	0.0 時間	区分5÷	6 人	950 円	0 円
合計	6.3 人	1,013.8 時間	区分6÷	2.5 人		1,001,756 円

※サビ管が世話人・管理者を兼務

福利厚生費	0.13	130,228 円

人件費率	54.3 %

6．損益計算

障がい者グループホーム保険収入	1,360,892 円	65.3 %
住宅部分収入	724,000 円	34.7 %
	2,084,892 円	100.0 %
人件費	1,131,984 円	54.3 %
その他固定費	90,000 円	4.3 %
その他変動費	324,000 円	15.5 %
	1,545,984 円	74.2 %
損益	**538,908** 円	25.8 %

固定費	交通費 等	10,000 円	
	保険料	5,000 円	
	レク・イベント費	10,000 円	
	研修費	5,000 円	
	消耗品費	10,000 円	
	通信費	10,000 円	
	修繕費	10,000 円	
	雑費	10,000 円	
	予備経費	20,000 円	90,000 円
変動費	給食費	216,000 円	
	水道光熱費	108,000 円	
	広告宣伝費	0 円	324,000 円

※広告宣伝費含まず

障がい者グループホーム（介護包括型）

地上２階建　全 10 戸　併設短期入所０戸　稼動日数 30 日　稼働率 100%

1．利用分布…サービス（Ⅰ）／世話人基準４：１

障がい区分		支援費単価	利用人数	利用分布	利用累計	利用額
区分	1	2,430 円	0 人	0.0 %	30 日	0 円
区分	2	2,920 円	5 人	50.0 %	30 日	438,000 円
区分	3	3,810 円	5 人	50.0 %	30 日	571,500 円
区分	4	4,710 円	0 人	0.0 %	30 日	0 円
区分	5	5,520 円	0 人	0.0 %	30 日	0 円
区分	6	6,670 円	人	0.0 %	30 日	0 円
	合計	0人	10 人	100.0 %	30 日	1,009,500 円
				減算	95 %	959,025 円

平均区分	2.5

平均客単価	95,903 円

2．加算

	利用単価	利用人数	利用日数
福祉職員配置等加算Ⅲ	40 円	3 人	30 日
夜間支援体制加算Ⅰ（10：1）区分２	900 円	5 人	30 日
夜間支援体制加算Ⅰ（10：1）区分３	1,130 円	5 人	30 日
	円	人	日
	円	人	日
	加算合計		308,100 円
	処遇改善加算Ⅰ		93,767 円

3．短期入所

	利用単価	利用人数	利用日数
	円	人	日
	円	人	日
	円	人	日
	円	人	日
	円	人	回
	加算合計		0 円
	処遇改善加算Ⅰ		0 円

4．月額費用

GH部分（月額）	
家賃	40,000 円
管理費	10,800 円
食費	21,600 円
小計	72,400 円
家賃補助_国	−10,000 円
合計	62,400 円

短期入所利用日数	日
家賃	円
管理費・食費	円
	円
小計	0 円

月額収入	724,000 円

3. 短期入所はないので、0円とします。

4. 入居者から支払われる金額です。
新築物件ということで家賃設定を4万円にしました。
家賃4万円＋管理費1万800円＋食費2万1600円＝7万2400円
10人分として72万4000円となります。

1～4をトータルした結果、総収入は208万4892円ということが分かりました。

5. 人件費を見ます。
この施設では管理者がサービス管理責任者を兼務しており、サービス管理責任者としての給与が
1時間あたり1800円×160時間＝28万8000円……①
入居者が多く世話人の数が増えたため、世話人の労働時間も増えています。
1時間あたり950円×約388・6時間＝36万9143円……②

また、障がい支援区分3の入居者が5人いるため、生活支援員の配置が必要になりました。その人たちの人件費が

1時間あたり1000円×約95・2時間＝9万5238円……③

夜勤者の給与が

1時間あたり1188円×約210時間＝24万9375円……④

①～④をトータルした人件費の総額は100万1756円となります。

これに13％の福利厚生費がかかるとして

100万1756円×0・13＝13万228円

人件費合計額は　113万1984円です。

総収入に対する人件費率は

113万1984円÷208万4892円≒0・543

54・3％まで下がりました。

6．損益通算をしてみましょう。

総収入208万4892円－人件費113万1984円－その他固定費9万円－その他変動費32万4000円＝53万8908円

利益の額は月額53万8908円という試算結果となりました。年額にすると646万6896円です。

先ほどの入居定員3人の試算結果による月額マイナス8万9424円・年額マイナス107万3088円と比べると、スケールメリットが活かされていることが分かります。

さらにこれを2棟運営した場合には、管理者とサービス管理責任者がそれぞれ兼務できるので、その分の人件費が浮き、収益は2倍以上になってきます。

◆日中サービス支援型で定員20人だと、利益は包括型の4・2倍になる！

では次に日中サービス支援型の場合を見ていきます。定員が20人と、より多くなることと、入居者の障害が中重度なので支援費単価が高いことなどから、収益はより大きくなります。

結論からいいますと、利益の額は月額２２７万３３１３円、年額にすると２７２７万９７５６円という試算結果になりました。

介護包括型グループホームの試算結果は月額53万８９０８円、年額６４６万６８９６円なので、日中サービス支援型のほうが月額にして１７３万４４０５円、年額にすると２０８１万２８６０円多く、４・２倍の収益が上がることになります。

もちろんこの試算では建物のローン返済額や固定資産税の額を考慮していないので、手残りの額に同様の差が出るとはいい切れませんが、スケールメリットが活かせる分、事業として大きなものになることは理解してもらえると思います。

１～４までが収入です。

１．基本支援金の額です。このホームには障がい支援区分３の人が10人、４の人が10人とすると、

区分３…（６５００円×８日＋５６３０円×22日）×10人＝１７５万８６００円

5．人件費

週常勤換算時間設定	40 時間	
一日当たり時間数	5.71 時間	
日中時配置人数・日数	2 人	15 日

					時間数
	※24時間表記				
夜間時間設定	22 時	～	5 時		7 時間
日中時間設定	9 時	～	16 時		7 時間
一日当たり夜間人員	1 人	夜間日数		30 日	

職種	必要人員	必要時間	備考		時給	月給
管理者	0.0 人	0 時間			2,000 円	0 円
サービス管理責任者	1.0 人	160.0 時間			1,800 円	288,000 円
世話人	8.9 人	1429.0 時間			950 円	1,357,595 円
短期入所生活支援必要人員		0.2 人	※必要人員は入居区分ごとの人数÷所定の人員で計算			
生活支援員	3.1 人	497.3 時間	区分3÷	9 人	1,000 円	497,270 円
夜勤者	2.6 人	420.0 時間	区分4÷	4 人	1,188 円	498,750 円
調整スタッフ	0.0 人	0.0 時間	区分5÷	6 人	900 円	0 円
合計	15.7 人	2,506.5 時間	区分6÷	2.5 人		**2,641,615 円**

※サビ管が世話人・管理者を兼務

福利厚生費	0.13	**130,228 円**

人件費率	**48.6 %**

6．損益計算

	障がい者グループホーム保険収入	4,558,338 円	74.3 %
	住宅部分収入	1,579,840 円	25.7 %
		6,138,178 円	100.0 %
	人件費	2,985,025 円	48.6 %
	その他固定費	180,000 円	2.9 %
	その他変動費	699,840 円	11.4 %
		3,864,865 円	63.0 %
損益		**2,273,313** 円	37.0 %

固定費	交通費 等	20,000 円	
	保険料	10,000 円	
	レク・イベント費	20,000 円	
	研修費	10,000 円	
	消耗品費	20,000 円	
	通信費	20,000 円	
	修繕費	20,000 円	
	雑費	20,000 円	
	予備経費	40,000 円	180,000 円
変動費	給食費	432,000 円	
	水道光熱費	267,840 円	
	広告宣伝費	0 円	699,840 円

※広告宣伝費含まず

障がい者グループホーム（日中サービス支援型）

地上2階建　全10戸　併設短期入所0戸　稼動日数30日　稼働率100%

1．利用分布…サービス（Ⅰ）／世話人基準4：1

障がい区分	単価(日中支援)	利用人数	利用日数	単価(日中外出)	利用人数	利用日数	利用額
1	3,600 円	人	日	3,600 円	人	日	0 円
2	4,140 円	人	日	4,140 円	人	日	0 円
3	6,500 円	10 人	8 日	5,630 円	10 人	22 日	1,758,600 円
4	9,070 円	10 人	8 日	7,120 円	10 人	22 日	2,292,000 円
5	9,890 円	人	日	7,930 円	人	日	0 円
6	11,050 円	人	日	9,100 円	人	日	0 円
	合計	20 人		合計	20 人	合計	4,050,600 円
					減算	100 %	4,050,600 円

平均区分	3.5

平均客単価	202,530 円

2．加算

	利用単価	利用人数	利用日数
福祉職員配置等加算Ⅲ	40 円	30 人	30 日
	円	人	日
	円	人	日
	円	人	日
	円	人	日
加算合計			36,000 円
処遇改善加算Ⅰ			302,408 円

3．短期入所

	利用単価	利用人数	利用日数
短期入所Ⅱ（区分3）	2,330 円	2 人	16 日
短期入所Ⅰ（区分3）	5,650 円	2 人	4 日
短期利用加算	300 円	2 人	20 日
食事提供加算	480 円	2 人	20 日
送迎加算	1,860 円	2 人	2 回
加算合計			158,400 円
処遇改善加算Ⅰ			10,930 円

4．月額費用

GH部分（月額）	
家賃	40,000 円
管理費	10,800 円
食費	21,600 円
小計	72,400 円
家賃補助_国	−10,000 円
合計	62,400 円

短期入所利用日数	20 日
家賃	2,000 円
管理費・食費	1,296 円
	0 円
小計	3,296 円

月額収入	1,579,840 円

区分4…（9070円×8日＋7120円×22日）×10人＝229万2000円
合計すると405万600円となります。

2．基本支援金に加算される部分を計算します。3．にあるとおり、短期入所が10人いたので、福祉専門職員配置等加算Ⅲの利用人数は「定員20人＋短期入所者10人」の合計30人となります。

1日40円×利用者30人×稼働日数30日＝3万6000円
処遇改善加算Ⅰが30万2408円です。

3．短期入所
日中サービス支援型には短期入所があります。

それぞれの項目を計算して合計すると15万8400円。そこに処遇改善加算Ⅰの1万930円が加算されて、16万9330円となりました。

4．入居者から支払われる金額

新築物件なので家賃設定を4万円にしました。
家賃4万円＋管理費1万8000円＋食費2万1600円＝7万2400円
入居者一人につき家賃補助1万円が出るので、入居者が払う金額は1万円少なくなりますが、事業者が受け取る額は7万2400円のままです。
7万2400円×20人＝144万8000円

これに短期入所の収入が加わります。
1日あたり3296円×20日×2人＝13万1840円
合計すると157万9840円となります。

1〜4をトータルした結果、総収入は613万8178円ということが分かりました。

5．人件費を見ます。

この施設では管理者がサービス管理責任者を兼務しており、サービス管理責任者とし

ての給与が

1時間あたり1800円×160時間＝28万8000円……①

入居者が多く世話人の数が増えたため、世話人の労働時間も多くなります。

1時間あたり950円×約1429時間＝135万7595円……②

また、障がい支援区分3、4の人を対象としているため、生活支援員の労働時間が増えます。

1時間あたり1000円×約497・3時間＝49万7270円……③

夜勤者の給与が

1時間あたり1188円×約420時間＝49万8750円……④

①～④をトータルした金額は264万1615円となります。

これに13％の福利厚生費がかかるとして

264万1615円×0・13＝34万3410円

人件費合計額は　298万5025円です。

総収入に対する人件費率は

２９８万５０２５円÷６１３万８１７８円≒０・４８６
48・６％まで下がりました。

6. 損益通算をしてみましょう。
総収入６１３万８１７８円－人件費２９８万５０２５円－その他固定費18万円－その他変動費69万９８４０円＝２２７万３３１３円
利益の額は月額２２７万３３１３円という試算結果となりました。年額にすると２７２７万９７５６円となるのは、この項目の冒頭で述べたとおりです。

障がい者グループホーム事業ではあまり利益が出ないといわれるのは、小さな規模で行った場合です。
ある程度の規模で、しっかりと事業計画を立て、計画どおりに実行できれば、障がい者グループホームは決して「儲からない事業」ではありません。自社で運営した場合に継続して利益を出していけるのはもちろんのこと、運営は福祉事業者に任せて不動産投資として行った場合でも、手堅く利益を確保していくことが可能です。

◆グループホーム事業のスキーム

障がい者グループホーム投資のスキームには
・不動産投資として行う
・自社でグループホームの運営まで行う
という2通りがあります。

・不動産投資として行う場合

地主さんや遊休地をもっている企業がグループホームを建て、運営ノウハウのある障がい福祉事業者に貸す「建て貸し」となります。

・自社でグループホームの運営まで行う場合

資金面で余裕のある社会福祉法人やNPO法人が、土地を購入して建物を建て運営まで行うというケースです。土地購入のコストがかかりますが、手残りは多くなります。

また今後増えていくと見られるのが、企業が新たに福祉部門を立ち上げて遊休地にグループホームを建て、自ら運営まで行うというケースです。

障がい福祉の分野は需要が多いわりに供給が少なく、まだまだ成長が見込める分野です。多角経営、確実な収益をつくっていく、さらには社会貢献ができ、ひいては企業イメージがアップするという観点からも、福祉事業に参入するというのは極めて有効な手段なのです。

◆建物は木造でOK！

障がい者グループホームは介護包括型で1棟10室、日中サービス支援型でも1棟20室＋数室（短期入居用）なので、わざわざコストのかかる鉄骨造や鉄筋コンクリート造にする必要はありません。

そもそも福祉施設で高い家賃設定ができないため、木造にするのがおすすめです。平屋・2階建てのいずれでも良いです。

◆介護包括型グループホームは1ユニット5戸・2ユニットが望ましい

新築の介護包括型グループホームの場合、１棟につき個室は10戸までとする縛りがあります。しかし、１住戸につき個室が７戸を超えると基本支援金を５％減らされる仕組みがあり、注意が必要です。

障がい者グループホームは、入居者が自分たちの生活を自分たちで決めて生活していくことに意味があります。例えばお風呂の順番や食事当番などですが、人数が多くなればなるほど「決めること」が困難になります。また世話人や生活支援員にとっては、人数が多いと入居者一人ひとりに対する関わりが薄くなってしまいます。そのため生活単位であるユニット1つにつき定員を5人とし、同一の建物の1階と2階に2つユニットをつくることで、グループホームとして本来あるべき姿にし、収益的にもペイするものになるのです。

1つの建物の中に7人を超える（8人以上の）人がいるため、5％の減算対象にはなりますが、理論的には9人以上の入居者がいれば採算は取れます。

包括型を1棟建てる場合に必要な敷地面積は60～80坪で、延床面積は57～120坪程度です。もし敷地面積が120坪以上あるのであれば、2棟建てることを検討してもよいと

▶1階・2階平面図イメージ

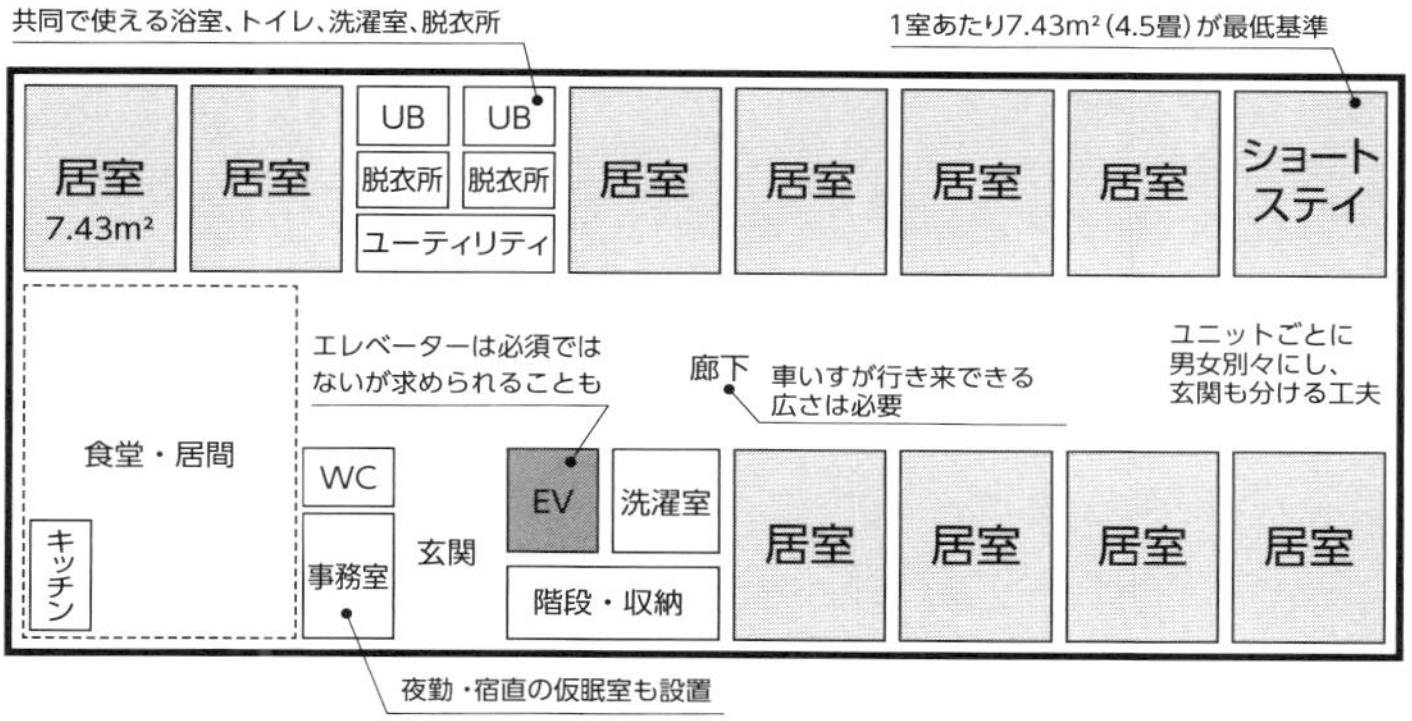

スプリンクラーや自火報の設置は区分４以上の入居者が８割で必須。入居者属性によってスタッフルームや水回り等などの間取りは変更可能

思います。

◆日中サービス支援型グループホーム

日中サービス支援型グループホームは、１棟につき20戸までの居室と、短期入居のための部屋を設置します。包括型グループホームの入居者よりも重度の障がいのある人が入居することから、廊下は車いすが通れるくらいの幅が必要になります。また2階建ての場合でもエレベーターは必須ではありませんが、設置しておいたほうが入居する人の間口は広くなります。24時間スタッフが常駐することが必要になるため、夜勤や宿直をするスタッフのための仮眠室も設置します。

必要な敷地面積は160～200坪。延床面積は140～160坪となります。

◆グループホームに必要な消防設備

グループホームは建物の分類上、寄宿舎または児童福祉施設等となるため、消防設備が必要です。それも障がいの区分によって異なるため、それらをよく理解している建設業者に頼まないと、あとから「必要なものがない！」という事態にも陥りかねません。

包括型・日中サービス支援型ともに必ず設置しなければならないものとしては、

① 消火器

消防機関へ通報する火災報知器	
改正前	平成27年4月～
全ての施設	
500m²以上	

出典：厚生労働省

▶グループホーム等における消防設備の設置義務
【（新設）平成27年4月～（既設※1）平成30年4月～】

対象施設	スプリンクラー設置 ※3		自動火災報知器	
	改正前	平成27年4月～	改正前	平成27年4月～
【入所施設（障害児・重度障害者）、 グループホーム（重度）】 ※消防法施行令別表第1（6）項ロ関係 ①障害児施設（入所） ②障害者支援施設・短期入所・**グループホーム**（障害支援区分4以上の者が概ね8割を超えるものに限る）	275m²以上	**全ての施設** ※2を除く	全ての施設	
【上記以外（通所施設等）】 ※消防法施行令別表第1（6）項ハ関係 ①障害児施設（通所） ②障害者支援施設・短期入所・**グループホーム**（障害支援区分4以上の者が概ね8割を超えるものを除く） ③身体障害者福祉センター、地域活動支援センター、福祉ホーム、障害福祉サービス事務所（生活介護、自立訓練、就労移行支援、就労継続支援）	6000m²以上 （平屋建てを除く）		300m²以上	利用者を入居させ、若しくは宿泊させるもの、又は、延べ面積が300m²以上のもの

※1　既存のグループホーム（新築、増築、改築、移転、修繕又は模様替えの工事中のものを含む）については、平成30年3月末までの猶予期間あり。

※2　障害支援区分の認定調査項目のうち、障害支援区分4以上で「移乗」「移動」「危険の認識」「説明の理解」「多動・行動停止」「不安定な行動」の6項目のいずれの項目も「全面的な支援が必要」「理解できない」「判断できない」等に該当しない者の数と障害支援区分3以下の者の数との合計が利用者の2割以上であって、延べ面積が275m2未満のもの

※3　防火区画を設けること等による構造上の免除要件あり

② 誘導灯
③ 自動火災報知設備

があります。自動火災報知器は家庭用のものでは対応できないので注意が必要です。

障害支援区分や面積によって設置が義務付けられている消防設備

障害支援区分4以上の入居者が8割以上いるグループホームに義務付けられているのが火災報知設備とスプリンクラーです。

なお、障害支援区分によらず床面積が500㎡以上のグループホームも火災報知設備の設置が義務付けられていますが、現実的に考えて1棟10室の包括型グループホームで500㎡を超えるということはあり得ないので、設置義務対象外となります。

なお、スプリンクラーは2階建て以上で床面積6000㎡以上の場合のみ、設置が義務付けられています。しかしながら、現実的には施設の規模にかかわらず強く推奨される面があり、役所でのヒアリングで前述の児童福祉施設等ということになればほぼ設置しなければいけない状況です。そのあたりも事情を理解していない建設業者に頼まないと思わぬ出費となることもあります。

◆障がい者グループホーム投資のメリット

では、次に障がい者グループホームに投資を行う場合はどんなメリットがあるかを説明します。

①　入居者の退去が少なく安定性が高い

最も大きなメリットは安定性が高いということです。

グループホームの入居者は現在のところ50代が最も多いといわれています。50代初めに入居した人は少なくとも65歳まで同じグループホームで過ごす可能性が高くなります。65歳になるとサービスが障がい者福祉から高齢者福祉に切り替わります。そのため以前は65歳になると高齢者施設に移らざるを得ませんでしたが、今後は同じグループホームで過ごせるようになっていく見込み（高額障害福祉サービス等給付費等に関する支給認定について）で、そうなると入居期間はよりいっそう長くなります。

障がい者グループホームを不動産投資の対象として考えた場合、これはかなり大きなメリットになります。

② 家賃の未納の心配がない

また入居者のほとんどが障害基礎年金を受給しているため、家賃の未納の心配がないというのも安心できるところです。

仮に障害基礎年金を受給していなかった場合、生活保護の対象となりますが、いずれにせよ家賃の支払いを国が保証してくれているのが、障がい者グループホーム事業なのです。

③ 修繕コストの負担がない

入居者が退去した場合、クロスや床の張替えコストを負担するのは運営事業者です。オーナーが負担する必要はありません。

④ 建物が古くなっても価値が下がらない

通常の賃貸物件であれば時間の経過とともに物件価値が下がり、家賃も下がっていきます。

しかし障がい者グループホームの場合、運営が長く続いていればいるほど「障がい者が安心して暮らせる場所」と認識されるため、建物が古くなったからといって価値が下がることはありません。

⑤ 便利な場所である必要がない

通常の賃貸アパート・マンションですと、空室率を低下させるには立地条件が問われます。例えば、駅から離れているとなかなか厳しくなるのです。

しかし障がい者グループホームはさほど立地は問われません。地域住民とコミュニケーションが取れるよう、住宅地にあれば良いとされるくらいです。

包括型グループホームの場合は就労支援事業所に通う人が入居するのが前提なので、電車やバスなど公共交通機関が使える立地というのが条件になりますが、朝夕の通勤時間帯にそれらが走っていればよく、便利な場所である必要がないのです。

⑥ スタッフを集めやすい

順調に入居者が集まって満室になったとしても、グループホームで働くスタッフがいなければ施設を維持していくことができません。

高齢者介護の現場では常に働き手を探すのに苦労していますが、それに比べると障がい者グループホームはスタッフを集めるのはさほど困難ではありません。サービス管理責任者以外は有資格者でなくても働くことができるからです。

特に介護包括型グループホームの場合、重度の身体障がいのある人は入居しないため身体介護の業務がなく、その分、スタッフの身体的負担が大きくないので働いてもらいやすいです。

また、包括型グループホームでは夜間のスタッフ配置は義務付けられていません。とはいえ近隣の住民から、開業前の住民説明会の際に「夜間にスタッフがいなくてトラブルが起こったらどうなるんですか?」などと不安の声が上がることが多いため、ほとんどの施設では夜間にスタッフをおいています。

しかし、スタッフにとって夜勤は負担になるものではないと考えられています。高齢者施設の入居者と異なり、障がい者グループホームの入居者で特に軽度の人の場合は日中仕事をされているということもあり、基本的には夜間は普通に睡眠を取る人が大半なので、介護施設のような何度も呼び出されたりということは起きにくくなっています。

◆それぞれの事業収支を見る

では、包括型グループホームの建て貸し・自社物件、日中支援型グループホームの建て貸し・自社物件について、事業収支と利回りがどうなるかを見ていきます。

家賃や支援給付金などの収入金額は、83ページのものをそのまま使用することとします。

◆包括型の前提条件

敷地面積495・86㎡（150・00坪）、建築面積116・71㎡（35・30坪）、延床面積231・00㎡（69・88坪）で、工事費の概算は6000万円とします。土地は自己所有で取得費はかからなかったものとして計算しています。

①　包括型・建て貸しの場合

諸経費が341万2270円かかるものとして、総事業費は7000万円、収入は家賃収入のみとなるため、毎月40万円の年間480万円です。

総収入を総事業費で割った表面利回りは

経営計画

<収支計画>

GH家賃収入	¥400,000
毎月収入	**¥400,000**
年間収入合計	**¥4,800,000**

<支出計画>

借入先１	
借入金額	¥70,000,000
借入期間	25年間
金利	1.10%
毎月の返済額	**¥266,992**
金利	1.50%
毎月の返済額	**¥279,956**
金利	2.00%
毎月の返済額	**¥296,699**

<総合計>

建築費	¥66,000,000
公共負担金	¥587,730
土地代金	¥0
諸経費	¥3,412,270
合計	**¥70,000,000**

<管理手数料>

補償・管理会社	なし
室内修繕積立	随時
外部修繕積立	

<総収入>	¥4,800,000	=	**6.9%**
総事業費（諸経費除く）	¥70,000,000		

<収入計画>

金利	1.10%	1.50%	2.00%
総収入（①）	¥400,000	¥400,000	¥400,000
返済額（②～④）	**(¥266,992)**	**(¥279,956)**	**(¥296,699)**
差引月収金額	**¥133,008**	**¥120,044**	**¥103,301**
差引年収金額	**¥1,596,096**	**¥1,440,528**	**¥1,239,612**
キャッシュフロー（固定資産税支払い後）	**¥1,332,956**	**¥1,177,388**	**¥976,472**

480万円÷7000万円＝0・069
6・9％となります。
収入額から建物にかかるローンの返済額と固定資産税額を引いた、いわゆる「手残り」の年額は、
金利1・10％の場合…133万2956円
金利1・50％の場合…117万7388円

▶包括型10戸建て貸し資金収支

建築計画概要

計画場所		
敷地面積	495.86 m²	150.00 坪
建築面積	116.71 m²	35.30 坪
延床面積	231.00 m²	69.88 坪

建築総費用

<建築費>　アルカスコーポレーション㈱

工事費（概算）	¥60,000,000
消費税（10%）	¥6,000,000
建築費合計	¥66,000,000

<公共負担金>

水道加入金（30㎜）	¥363,000
下水道負担金	¥224,730
合計	¥587,730

<土地代金>

土地代金（仲介手数料込み）	
合計	¥0

<概算諸経費>

	調査次第（概算）
登録免許税等	¥600,000
不動産取得税	¥900,000
火災保険等その他諸経費	¥1,000,000
予備費	¥912,270
諸経費合計	¥3,412,270

<建築総費用>

¥70,000,000

経営計画

＜収支計画＞

GH家賃収入	¥538,908
毎月収入	**¥538,908**
年間収入合計	**¥6,466,896**

＜支出計画＞

借入先１	
借入金額	¥74,000,000
借入期間	25年間
金利	1.10%
毎月の返済額	**¥282,249**
金利	1.50%
毎月の返済額	**¥295,953**
金利	2.00%
毎月の返済額	**¥313,653**

＜総合計＞

建築費	¥66,000,000
公共負担金	¥587,730
土地代金	¥0
諸経費	¥7,412,270
合計	**¥74,000,000**

＜管理手数料＞

補償・管理会社	なし
室内修繕積立	随時
外部修繕積立	

＜総収入＞	¥6,466,896	＝	**8.7%**
総事業費（諸経費除く）	¥74,000,000		

＜収入計画＞

金利	1.10%	1.50%	2.00%
総収入（①）	¥538,908	¥538,908	¥538,908
返済額（②〜④）	**(¥282,249)**	**(¥295,953)**	**(¥313,653)**
差引月収金額	**¥256,659**	**¥242,955**	**¥225,255**
差引年収金額	**¥3,079,908**	**¥2,915,460**	**¥2,703,060**
キャッシュフロー（固定資産税支払い後）	**¥2,816,768**	**¥2,652,320**	**¥2,439,920**

金利2・00%の場合…97万6472円という試算結果です。
実質利回りは金利1・10%の場合で1・9%という結果になりました。

② 包括型・自社物件の場合

自社物件の場合、諸経費に運転資金400万円をプラスして試算します。

▶包括型10戸自社物件資金収支

建築計画概要

計画場所		
敷地面積	495.86 m²	150.00 坪
建築面積	116.71 m²	35.30 坪
延床面積	231.00 m²	69.88 坪

建築総費用

＜建築費＞ アルカスコーポレーション㈱

工事費（概算）	**¥60,000,000**
消費税（10%）	¥6,000,000
建築費合計	**¥66,000,000**

＜公共負担金＞

水道加入金（30㎜）	¥363,000
下水道負担金	¥224,730
合計	**¥587,730**

＜土地代金＞

土地代金（仲介手数料込み）	
合計	**¥0**

＜概算諸経費＞

	調査次第（概算）
	¥4,000,000
登録免許税等	**¥616,000**
不動産取得税	**¥900,000**
火災保険等その他諸経費	¥1,000,000
予備費	¥896,270
諸経費合計	**¥7,412,270**

＜建築総費用＞

¥74,000,000

障がい福祉事業の場合、毎月末締め翌月初めに国保連に給付金の請求をし、支払われるのは請求月の翌々月の初めとなります。

例えば9月初めにグループホームを開業して9月分の請求を10月初めに行ったとしたら、支払われるのが12月ということです。現金が入るようになるまでにタイムラグがあるわけですが、当然、その間も人件費は払わなければなりません。

その分の担保として、400万円の運転資金を確保しているため、総事業費は7400万円となります。

これに対して収入は毎月53万8908円の年間646万6896円です。表面利回りは

646万6896円÷7400万円＝0.087

8.7％となります。

収入額から建物にかかるローンの返済額と固定資産税額を引いた、いわゆる「手残り」の年額は、

金利1.10％の場合…281万6768円

金利1・50％の場合…265万2320円
金利2・00％の場合…243万9920円
という試算結果です。
実質利回りは金利1・10％の場合で約3・8％、2・00％の場合でも約3・3％です。

◆日中支援型の条件

敷地面積826・44㎡（250・00坪）、建築面積233・42㎡（70・61坪）、延床面積462・00㎡（139・76坪）で、工費時の概算は1億3200万円とします。土地は自己所有で取得費はかからなかったものとして計算しています。

①　日中支援型・建て貸しの場合

諸経費が600万円として総事業費は1億3800万円、収入は家賃収入のみとなるため毎月80万円、年額960万円です。
総収入を総事業費で割った表面利回りは
960万円÷1億3800万円≒0・07

経営計画

＜収支計画＞

GH家賃収入	¥800,000
毎月収入	**¥800,000**
年間収入合計	**¥9,600,000**

＜支出計画＞

借入先１	
借入金額	¥138,000,000
借入期間	25年間
金利	1.10%
毎月の返済額	**¥526,355**
金利	1.50%
毎月の返済額	**¥520,084**
金利	2.00%
毎月の返済額	**¥584,919**

＜総合計＞

建築費	¥132,000,000
公共負担金	¥738,204
土地代金	¥0
諸経費	¥5,261,796
合計	**¥138,000,000**

＜管理手数料＞

補償・管理会社	なし
室内修繕積立	随時
外部修繕積立	

＜総収入＞	¥9,600,000	＝	**7.0%**
総事業費（諸経費除く）	¥138,000,000		

＜収入計画＞

金利	1.10%	1.50%	2.00%
総収入（①）	¥800,000	¥800,000	¥800,000
返済額（②～④）	**(¥526,355)**	**(¥520,084)**	**(¥584,919)**
差引月収金額	**¥273,645**	**¥279,916**	**¥215,081**
差引年収金額	**¥3,283,740**	**¥3,358,992**	**¥2,580,972**
キャッシュフロー（固定資産税支払い後）	**¥2,829,994**	**¥2,905,246**	**¥2,127,226**

▶日中支援型20戸建て貸し資金収支

建築計画概要

計画場所		
敷地面積	826.44 m²	250.00 坪
建築面積	233.42 m²	70.61 坪
延床面積	462.00 m²	139.76 坪

建築総費用

<建築費> アルカスコーポレーション㈱

工事費（概算）	**¥120,000,000**
消費税（10%）	¥12,000,000
建築費合計	**¥132,000,000**

<公共負担金>

水道加入金（30㎜）	¥363,000
下水道負担金	¥375,204
合計	**¥738,204**

<土地代金>

土地代金（仲介手数料込み）	
合計	**¥0**

<概算諸経費>

	調査次第（概算）
	¥4,000,000
登録免許税等	**¥992,000**
不動産取得税	**¥1,800,000**
火災保険等その他諸経費	¥2,000,000
予備費	¥469,796
諸経費合計	**¥5,261,796**

<建築総費用>

¥138,000,000

7・0%となります。

収入額から建物にかかるローンの返済額と固定資産税額を引いた、いわゆる「手残り」の年額は、

金利1・10%の場合…282万9994円

金利1・50%の場合…290万5246円

金利2・00％の場合…212万7226円

という試算結果です。

実質利回りは金利1・10％の場合で2・05％という結果になりました。

②　日中支援型・自社物件の場合

諸経費として800万円をプラスします。理由は包括型・自社物件同様、開業当初の人件費の支払いが必要になるためで、総事業費は1億4600万円となります。

これに対して収入は毎月227万3313円の年間2727万9756円です。表面利回りは

2727万9756円÷1億4600万円＝0・187

18・7％となります。

障がい者グループホーム建設はどう進行する？

障がい者グループホームに関心があり事業開始を検討したい場合、どのように進めてい

けばいいかを説明します。

①　建設業者の選定

まずは上物を建てる建設業者を選定します。その場合、必ず障がい者グループホーム建設実績のある業者を選ぶようにしてください。実績のある建設会社であれば、どのような土地が障がい者グループホーム建設に適しているかをよく理解していますし、運営事業者とのリレーションも築けています。

逆に実績のない建設会社を選んでしまった場合、上物はなんとか建つかもしれませんが、行政の審査が入ったときに、その建物が基準を満たしておらず、やり直しが必要になるなど、予期せぬリスクの可能性が高くなります。

②　土地の調査・選定

自己所有の土地を使いたい場合は、その土地に障がい者グループホームを建てることができるかどうか、確認が必要になります。

どの場所にどんな建物が建てられるかは都市計画法で決められていますので、公図を見て確認します。建設会社に頼めば対応してくれるはずです。

自己所有の土地がなく、土地探しが必要な場合には、早くから取りかかったほうがいいと思います。場所は自身の土地勘のあるところから探すのがベストです。

建設希望地の近隣の不動産業者に「こういう目的でこんな規模・用途・予算の土地を探している」旨を伝え、出物があったら連絡してくれるように頼んでおきます。また、障がい者グループホームの実績のある建設会社なら、土地を見る目ももっているので力になってくれるはずです。

障がい者グループホーム事業には

1．グループホームの運営にはかかわらず、不動産投資として家賃収入を得る方法

2．自らが運営に携わり、家賃収入と福祉事業としての収入の両方を得る方法

の2つがあります。

1の場合、運営を任せる福祉事業者を探さなければなりませんが、これまで福祉業界とかかわりがなかった人にとってそうたやすくはないと考えられます。そのような場合でも、福祉業界に精通している建設会社であれば、運営事業者を探すことも頼めます。

③　融資打診

資金に余裕があったり、現在営んでいる事業が好調で決算書に問題がなかったりする場合はいいのですが、そうでないケースもままあります。

確実に融資を取り付けられるという確証がない場合は、金融機関に対して早めに融資打診をしておくほうが安全です。特に投資家の場合、金融機関による不動産業への不正融資が相次いで発覚したことで審査が厳しくなり、融資が下りにくくなっているので注意が必要です。

建設会社も決まり、運営事業者もやる気になり、賃貸借契約書を交わすところまで進んだにもかかわらず、結果として「融資が下りなかった」では、投資家にとっても建設会社にとっても運営事業者にとっても時間と労力の無駄になってしまいます。

私の会社ではそうしたリスクを避けるために、融資グレーゾーンのクライアントの場合、かなり早い段階から銀行に対して融資打診を行っています。「このくらいの土地の規模を購入し、こういう事業を考えているのですがどうでしょうか」と相談に行くのです。

・銀行のチェックポイント

銀行側が最も気にしているのは「事業計画が現実に即したもので、ちゃんと返済できるかどうか」です。

銀行は、レオパレス21やかぼちゃの馬車の二の舞になることを最も警戒しています。そのため、あのような実態の伴わない事業ではないことを分かってもらうことが大切です。サブリースの物件であれば、実際にグループホームを運営していく運営事業者の母体がどれくらい安定しているかというあたりは、かなり厳しく審査されます。

また、福祉事業者が自社でグループホーム事業を行う場合は、借入金がいくらあるか、代表者がもっている自宅の土地を担保に差し出せるのかというあたりがチェックポイントになります。結局のところ、取りはぐれが怖いので担保能力が問題ということです。

なお、融資打診と同時に図面の作成にも取りかかります。

④ 建設会社からの運営収支・資金収支の提案

金融機関への融資打診と密接に関わるのが、建設会社が作成してクライアントに提案する運営収支と資金収支です。

ここは建設会社の腕の見せ所でもあります。というのも、運営収支・資金収支といった必要な資料をどれくらいしっかり作りこめるかで、融資の可否が左右されるからです。クライアントである投資家や福祉事業者の担保能力がどれくらいか、説得力のある説明ができるかどうかは、そこにかかっているといっても過言ではありません。

運営収支は、主にグループホームの運営を自社で行う運営事業者向けの資料になります。障がい支援区分の違う人が複数いる場合、人員配置がどうなるかということと、その場合の総収入と支出を分かりやすく表にしたものです（82・88ページ参照）。

資金収支は運営収支のうち、お金の流れにスポットを当てたもので、サブリースとしてこの事業を行う投資家・自社運営する運営事業者両者に向けての資料です。この事業を通じてお金がどれだけ入ってきてどれくらい出るのか、金融機関への返済額はどれくらいで手元にいくらお金が残り、利回りは何パーセントなのかが分かる資料となります（１０６・１１２ページ参照）。

これを綿密に作ることが非常に重要だと私たちは考えています。

障がい者グループホームの建設・運営は大きなお金が動くことなので、投資家も運営事業者もそう簡単に事業開始を決意できるものではありません。数字をきっちり出すことで「これなら大丈夫！」と確信をもつことができるのです。

また、金融機関に融資打診をする武器にもなります。実際に私たちが作った運営収支・資金収支の資料は銀行の担当者の方々から「ここまでしっかり作られた資料は見たことがない」とよく言われます。

⑤ 予約付き賃貸借契約の打ち合わせ

投資家が運営事業者に建て貸しをする場合に必要になります。

基本的には双方の弁護士に確認してもらうケースが多いです。どちらかにとって不利な契約になっていないか、この項目はどういう意味なのか、こういう場合はどうなるのかなど、気になる点をつぶしていくのは素人では難しい作業であり、法律の専門家に見てもらっておいたほうが安心です。

私の会社ではあらゆるケースに対応できる契約書の雛型を用意しているので、それに沿って契約書を作れば、一応クライアントにとって損にはならない形になっています。

その雛型をもとに作成した書面は、念には念を入れて弊社の顧問弁護士に確認してもらうという形を取っています。

⑥　業務委託契約

建設会社とクライアントとの間で結ぶ契約で、「建物をこの建設会社で建てる」という意思確認のような位置付けになります。

ここから見積もりや本設計などで外部の業者に動いてもらうことになるため、外注費がかかってきます。もし外部業者が動き出してからクライアントの意向でやめることになった場合、実際にかかった費用を請求させてもらうための保険のようなものと思ってもらえるといいかもしれません。

建設会社によってはクライアントに手付金を入れてもらうところもあります。

⑦　図面打ち合わせ

融資打診と同時に作成していた図面が上がってきたら、その図面を基に打ち合わせを行います。

このときの図面には基本的に、配置と平面、立面が描かれています。土地のどこにどういう向きで建てて、中はこういう形の配置になって、駐車場のスペースはこれくらいで、という配置図と、間取りの平面図と建物を横から見た立面図が描かれたもの、それから建物の外観はこんな感じになりますよ、という簡素な図になります。

これに対してオーナーから「庭を作りたい」とか「外観はこんな感じがいい」などと意見が出される場合もありますが、基本的には実際に運営を行う運営事業者のオペレーションのやりやすさを基準に判断することになります。

まれに運営事業者側から内装を重厚にしたいという要望が出たり、法定以上の充実した防火設備を整えたいとか、もっと遮音がしっかりできるような造りにしたいなどの意見が出されることがあります。そうなると当然、コストにはねかえってくるのでオーナーに相談することが必要になります。

その間に入って調整するのも建設会社に求められる役割の1つです。あまりに金額が上がるような場合は、運営事業者に対して「あまり無理な要望は言わないでください」と意見することもあります。

悪質な業者だと運営事業者の要求通りにやって、高額な請求をすることもあり得ないことではありません。高額な要求を止めてくれる建設会社のほうが良心的といえます。

⑧ 本設計

見積もりに対してクライアントからゴーサインが出たら本設計に入ります。
⑦で一度図面が出てきていますが、それはクライアントとの打ち合わせを目的とした簡素なものでした。

これに対して本設計で作る図面は、法的な関門（⑩の確認申請）を突破して建築許可を得るためのものです。意匠図や構造図などの図面一式となると、厚さが何センチにもなります。そういう図面を作るのが本設計となります。

⑨ 見積もり

見積もりが上がってきたら、最終契約のための金額を調整していきます。その後に起こった多少の軽微な変更などについて費用を吸収できるものはしますが、役所の指導や工事中の変更要望などで大きな変更があったりした場合は金額の増減を工事後に精算する形になります。

⑩ 確認申請

図面一式が出来上がったら、各都道府県管轄の土木センターに対して確認申請を行います。建物は、建てたい場所に自由に建てられるわけではないので、「ここの土地にこの建物を建ててもいいですよ」という許可を自治体からもらうための申請です。

法的には確認申請を行うのはオーナーということになっていますが、一般的には建設会社が書類一式を用意し、オーナーからハンコをもらって役所に持っていきます。

許可が下りるまでの期間は、およそ1カ月から1カ月半というところです。その間、自治体からさまざまな指摘が入ります。

例えば、バリアフリー設計にしてくださいとか、接道している車の入り口の幅（乗り入れの幅）や階段や廊下の幅が狭いとか、屋外階段がいるとかいらないなどといったことですが、市町村ごとのローカルなルールがよく変わるので、それに対応しなければなりません。隣の建物との距離が近い場合、火災に備えて排煙窓を取らなければならないとか、排気口の問題の指摘があることもしばしばです。

ここで、建設会社の経験値によって差が出ます。障がい者グループホームの建設実績のある建設会社なら指摘を受ける箇所の数が少なく、指摘されたとしても柔軟に対応できるはずです。

しかし、一般の住宅しか建てたことのない会社が、その感覚で図面を引いてしまったら膨大な直しが入ることもあり得ます。例えばスプリンクラーや自動火災報知設備が付いていないといったことがあった場合、進行に著しい遅れが出てしまいます。

確認申請がスムーズに通るかどうかは経験がものをいうのです。

⑪ 近隣挨拶、近隣説明会

基本的には確認申請を提出して許可が下りるまでの間に、町内会長などに挨拶に行き、さらに必要であれば近隣住民を集めた近隣説明会を行います。

近隣説明会の肝は町内会長にあるといっても過言ではありません。町内会長の福祉事業への理解やリーダーシップで説明会の状況もかなり変わってきます。ですので、町内会長への挨拶は確実に行い、なるべく早くから親交を深めておくとその後がやりやすくなります。

いったん町内会長の心証を悪くすると近隣説明会が紛糾するもとになってしまうので、その地域のことをよく知っているオーナーや運営事業者の中には「町内会長が気難しい人なので挨拶は早めにしましょう」と言う方もいます。

ただ、本来、障がい者グループホームの建設に近隣の同意や許可は必要ありません。近隣説明会は、行えば必ず何か言いたい人が出てきますし、一人だと、思っていても言えなくても、複数になると強気になって「どうしてそんなものをこの地域に建てる必要があるんだ」などと言い始める人が出てくる可能性があるので、できれば行わずにすませたいというのが本音です。

⑫ 契約

確認申請に対して許可が下りたら、いよいよ契約となります。

今、巷ではハンコを押す場面が急速に減っていますが、建設業界において契約の場面では実印が必要な場合が多いです。

契約内容によってはここで契約金としてお支払いをお願いする場合もあります。契約金がない場合は着工時の入金をお願いします。

いずれにせよここまでくれば「本決まり」です。契約の段階まできて「やっぱりやめた」と言い出すクライアントはほとんどいません。

⑬　地鎮祭

ごく最近まで、契約が済んだら着工前に地鎮祭を行うのが「当たり前」でした。今では地鎮祭は「当たり前」ではなく、施主の考え方次第で行ったり行わなかったりという感じになってきています。私の印象では、50代以上の方々は従来どおりに行い、40代以下の方々については行う人と行わない人が半々のように見受けられます。地鎮祭を行うには10万円程度のお金がかかるので、それを「もったいない」と感じる人は行わないというイメージです。

⑭　着工・定例会議

こうしていよいよ着工という運びになります。

着工後は施主と建設会社が2～3週間に1回ぐらいのペースで定例会議を行います。定例会議ではドアのデザインや取っ手の形、窓のサッシの色やどんな壁クロスを使うか、床材の色や素材はどうするかなどを順番に決めていきます。工期が5～6カ月あるので、7、8回あるかないかくらいです。施主が細かいところまで気にされる方の場合は、もう少し回数が多くなることもあります。

建物が出来上がる1カ月前くらいが最後になるイメージです。

⑮ グループホーム指定申請

建物の完成が間近になり、グループホームオープンが2カ月後くらいに迫った頃、都道府県の障がい福祉課でグループホーム指定申請を行います。オープン前に職員が施設を見に来ることもあります。

入居者に対する世話人の数や設備関係、家賃がいくらなのかなどの必要書類は運営事業者に用意してもらい、建築関係書類は建設会社が用意します。

⑯ 内見会

別名「完成見学会」です。積極的に行うべきイベントで、オープン後の入居者確保に影響を及ぼします。

基本的には入居者候補の方や同業他社の方が対象となりますが、なかには「同業他社には見せたくない」というクライアントもいます。

しかし私たちはできるだけオープンにすべきだと考えています。福祉の業界は狭いので、こういう機会を利用して理念を理解してもらい、信頼を得るほうがよいと思うからです。

また、相談支援専門員や就労支援事業所の方々、介護のデイサービスを行っている施設などには声を掛けて参加してもらうようにすべきです。こうした方々と知り合い、「グループホームを必要とされている方がいたら、ぜひご紹介してください」と声を掛けておくことが肝要です。

内見会に来られる方の人数は時期や場所、営業の仕方によって異なります。ここでお会いする方の中には、将来的に仕事でつながる可能性がある方も少なくありません。建設会社にとっては、これからグループホームを建てそうな方に「ちょっと見学に来ませんか」とお声を掛け、営業につなげるいいチャンスという事情もあるので、積極的にお手伝いするようにしています。

⑰　オープン準備

建物が施主に引き渡されたあと、本格的な準備が始まります。ベッド、椅子や机などの家具類や冷蔵庫、電子レンジなどの備品が運び込まれます。

なお、スタッフのトレーニングや入居希望の方と面談してホームのご案内をするといったことも並行して行っていきます。

オープン日は指定申請のときに「○月○日」と決めておきますが、諸事情で延びることもしばしばあります。

オープン時の入居率はまちまちです。就労支援事業所をもっている場合、そこに通所している方々が入居するケースが多いので、最初から満室ということもあります。

しかし初めて障がい者グループホームを運営する場合は、最初のうちは満室でないほうがいいように思います。運営する側がオペレーションに慣れていない状態で満室となると、混乱が起こる可能性が高くなります。

オープン当初の入居率は3割くらいで、半年から1年くらいかけて満室にするイメージでいるとちょうどいいかもしれません。

第4章

財務体質を健全化できる福祉施設経営
――地方企業が生き残るために

◆それは「会社としての意思決定」から始まった

私の会社が障がい福祉事業を「やってみよう！」と決意したのは、２０２０年11月のことです。私の会社は障がい者グループホームを建てるのにちょうど良い遊休地をもっているので、「建設してはどうか」という話自体は何年も前から社内で出ていました。

とはいえ、自分たちが運営の当事者になることは考えてはいませんでした。あくまでもグループホームを建てて運営事業者に貸す、不動産投資としての形態を想定していたのです。

しかし何棟もグループホームをつくるお手伝いをしているうちに、ノウハウは蓄積されていきます。施主や運営事業者にとってのコンサルタント的な立場に立つことも多くなってきていました。

その経験を活かさない手はありません。来期の事業計画をつくる段階で「あの遊休地を活かして、自分たちでグループホームを運営してみよう」ということになりました。

そこで若手幹部の一人である井上嵩浩を社長とした福祉専門の新会社を設立し、障がい者福祉事業という領域に足を踏み入れることとなったのです。

・事業プランの概要

まずはどんな種類のグループホームを建てるかを決めていきました。障がい福祉事業に参入するのは初めてなので重度よりは軽度の障がいのある方を対象にしたほうがよいだろうとの判断から、包括型グループホームを選択しました。

わが社が砺波市に所有する土地の面積は約３０００㎡なので、定員10人の包括型グループホームを２棟、余裕をもって建てることができます。

１棟でなく２棟にしたのは、収益性を考慮してのことです。ただし開所の時期はずらすことにしました。

なにぶん未経験の業種でもあり、生身の人を相手にするものでもあります。一度に多くの入居者を受け入れたはいいけれども、オペレーションが回らず入居者に不利益が及ぶことは許されません。

まずは１棟のみオープンし、半年のインターバルをおいて２棟目をオープンすることとしました。

また、包括型グループホームの入居者は、基本的に昼間は仕事に出ることになります。

働く場所は主に就労継続支援事業所です。

就労継続支援事業所には雇用契約に基づく就労をするA型事業所と、雇用契約を結ばずに就労するB型事業所があり、A型事業所では最低賃金以上の支払いを、B型事業所では作業量に応じた工賃が支払われます。

包括型グループホームの入居対象はAないしBの方が大半です。軽度向けのグループホームのため、一般企業で働かれている方もまれにいます。

私たちはB型事業所を開設することにしました。その理由は以下のとおりです。

①就労支援のビジネスモデルが福祉事業の枠以外で収益を出すことができる（その事業で売上を伸ばせば収益になるし障がい者の賃金も増やしていけるため）。

②グループホーム入居者のなかには日中活動が決まらないと入居できない方がいるため。基本的には近所の就労支援に通ってもらえればいいと当初は考えていたが、グループホームの入居需要が高いので砺波市以外からも入居希望があると予測。そうなると必然的に日中活動の場を砺波で探す人がほとんどとなるため、日中活動が決まらず入居できないというリスクをヘッジすべく、ひとまず私たちで就労をセットにしたほうがよいと判断し

た。将来的には障がい者が自分らしく生きるためのお手伝いとして就労支援は必須だと考えていたが、一気にいろいろと仕掛けていくことは現実的に不可能と見て、自社でできることをB型の就労支援としてやろうと決断した。

③B型にした理由は、（1）事業が固まらないなかで最低賃金が払いづらい（約束できない）、（2）日中活動が決まらない人の受け皿なのでB型で問題ない（グループホームとセットで運営している強みでもある。稼ぎたい人はA型に受け入れてもらえるなら移ればいいという考え）、（3）砺波市でB型をやっている民間の事業者が0だったので、単純に民間で拾い切れていない層もケアできるのでは？と考えた。

グループホームとあわせて就労継続支援事業所を開設することで、入居者に住まいと就労の場所との両方を提供することができます。

事業計画書を作り、金融機関に融資打診をする

次にすべきことはこの事業にかかる費用の調達です。金融機関からお金を借りるために

事業計画書を作りました。

事業計画書をどこまで緻密に作れるかで融資が下りる・下りないが決まります。弊社にはこれまでもお客さまのために何度も事業計画書を作り融資を通してきた実績があります。資金収支の細かい表まで作り、万全の態勢で臨みました。

融資打診先の金融機関は2行です。1行は北陸地方の地銀、1行は地元の信用金庫です。いずれも担当者や支店長サイドに関しては「ぜひやってほしい」と言ってもらうことができました。

しかし本部では渋られました。わが社にはかつて多額の負債があったのですが、私が就任してから大幅な財政立て直しを行い、借入金の返済が進んできたところだったのです。そんななかで新たな投資をするとはいかがなものか、そして完全な新規事業でノウハウがないのに大丈夫なのか、と言われてしまいました。

結局、数カ月かけてこの事業が成功する根拠となる資料を何度か提出し、そのたびに質疑応答を繰り返して本部からの了承を得ることができました。

本決まりになったのは２０２１年7月初めです。最初の融資打診からゆうに3～4カ月は経っていました。

行政に事前相談

融資打診と前後して、県庁と市役所それぞれの障がい者福祉を担当する部署に事前相談に行きました。

地図を持っていき「我々はこの場所で障がい者グループホームをやろうと計画しているのですが、建てることができますか？」と確認をするためのものです。自分たちで地図を見て用途地域を確認し「この場所なら大丈夫」と判断したうえでのことなので、ほぼＯＫだとは思っていましたが、地図上では発見できない不都合がないとも限りません。

基本的には県の許可があればいいのですが、県から「市側が良いと言えば良いですよ」と言われることもあるので、両方に相談に行ったほうがより安心と考え、どちらも行くことにしました。

相談は飛び込みでも受け付けてもらえると思いますが、私たちはアポイントメントを取ってから行きました。

なお、行政の判断基準が変わることもあり得るので、県にも市にも図面が出来上がってから再度確認に行っています。建設期間中に行政判断が変わることもあり得ます。複数回確認することで、「このときはいいと言いましたよね」と言える状況をつくろうと考えたのです。

今のところ聞いたことはありませんが、確認を怠っていると漏れがあった場合、建設会社側の責任になってしまうことも考えられます。最後の最後に「もっと早くに言ってくれれば対処できたのに。今からではどうにもならない」という事態になることを避けるべく、確認すべきところは全部する姿勢で臨みました。

◆会社設立と図面作成

障がい者グループホームの設立にあたり、付き合いのある行政書士の方に手伝ってもらって、法人を設立しました。

会社の名前と住所、事業目的、資本金、発起人、払込銀行、代表者、決算日と設立予定日などを書類に記入し、法務局で登記します。

グループホームを設立するには、事業目的のところに「障害者の日常生活及び社会生活を

履歴事項全部証明書

富山県南砺市長源寺[illegible]
株式会社ＣＨ－５

会社法人等番号	２３００－０１－０１８７２５
商　号	株式会社ＣＨ－５
本　店	富山県南砺市長源寺[illegible]
公告をする方法	官報に掲載してする。
会社成立の年月日	令和３年３月１５日
目　的	１．障害者の日常生活及び社会生活を総合的に支援するための法律に基づく障害福祉サービス事業 ２．障害者の日常生活及び社会生活を総合的に支援するための法律に基づく地域生活支援事業 ３．障害者の日常生活及び社会生活を総合的に支援するための法律に基づく一般相談支援事業 ４．障害者の日常生活及び社会生活を総合的に支援するための法律に基づく特定相談支援事業 ５．児童福祉法に基づく障害児通所支援事業 ６．児童福祉法に基づく障害児相談支援事業 ７．前各号に附帯関連する一切の事業
発行可能株式総数	８０株
発行済株式の総数並びに種類及び数	発行済株式の総数 ２０株
資本金の額	金１００万円
株式の譲渡制限に関する規定	当会社の株式を譲渡によって取得するには、株主総会の承認を受けなければならない。
役員に関する事項	取締役　　井　上　嵩　浩
	富山県砺波市深江[illegible] 代表取締役　　井　上　嵩　浩
登記記録に関する事項	設立 令和　３年　３月１５日登記

整理番号　ア２１７０７９　　＊　下線のあるものは抹消事項であることを示す。　　１／２

これは登記簿に記録されている閉鎖されていない事項の全部であることを証明した書面である。
（富山地方法務局管轄）
令和　３年　３月２２日
富山地方法務局砺波支局
登記官　　　　秋　山　勉

整理番号　ア２１７０７９　　＊　下線のあるものは抹消事項であることを示す。　　２／２

総合的に支援するための法律に基づく障害福祉サービス事業」と入れなければなりません。

先ほど触れた就労継続支援A型事業所は、福祉専業の事業所でないと行うことができません。福祉専業の新会社を設立したのは、弊社が将来的にA型事業所をやるかどうかは分かりませんが、やりたくなったときにやれるようにしておくためというのもありますし、事業売却のときにA型事業所をやれるようにしておくほうが売却しやすいというのもあります。

ちなみに障がい者グループホームの運営をするためだけであれば、会社の定款に先ほどの文言（障害者の日常生活及び社会生活を総合的に支援するための法律に基づく障害福祉サービス事業）を入れるだけで大丈夫です。

しかし、それでも法人を設立することをお勧めします。行政書士に頼むコストはかかりますが、トータル的に見てそれ以外のデメリットはないからです。

100％出資の子会社にすれば、人やお金の貸し借りに問題が生じず、そこに税金もかかってきません。社会保険も親会社と一括で加入できます。

ちなみに会社名は「ＣＨ－５」といいます。これは障がいのある方たちの

CHANCE……機会
CHOICE……選択
CHALLENGE……挑戦
CHAIN……つながり
CHANGE……変化

の「5つのCH」を支援したいという思いから名付けたものです。

・図面作成と見積もり

２０２１年の年明けから、会社の登記とともに図面の作成も進めていました。建設会社なので、図面は社内の設計部門に依頼しました。3月15日に会社の登記をするのと同時に図面が出来上がってきたので、見積もりを出す段階に入りました。今回は敷地に2棟建設するということで、男性棟と女性棟をそれぞれ設計しました。建設会社としてモデルハウス的な使い方もしたいので、今までの提案図面のなかから、オペレーションの違う2つのタイプの間取りを基にして図面を作成しました。

◆採用活動

人がいないことには事業はできません。特に障がい者グループホームの場合、サービス管理責任者の存在が重要です。この資格をもった人を配備していないと、グループホームの売上は半分になってしまうからです。

サービス管理責任者は、この資格を得るための要件を満たした人が、都道府県の実施する初任者研修および実務者研修を受けることによって資格取得することができます。

必要な要件について、一部ですが取り上げてみます。

〈サービス管理責任者になれる人の例〉

- 地域生活支援事業、障害児相談支援事業、身体障害者相談支援事業、知的障害者支援事業等に5年以上従事した人
- 特別支援学校等に5年以上勤務した人
- 介護士や指導員、生活支援員の経験が8年以上ある人
- 社会福祉主事任用資格、保育士、児童指導員任用資格者などの資格をもち実務経験が

5年以上ある人
・医師、薬剤師、歯科医師、保健師、助産師、看護師、准看護師、理学療法士等の国家資格をもち、実務経験が1年以上ある人

さて、これらの人が受けることのできる研修ですが、年に1回しか行われていません。またこの研修に参加できる人の数も、1事業所につき2人までという制限があります。つまりこの資格を取得できるチャンスは少なく（＝研修が年1回）、要件を満たした人が皆受けられるわけではない（＝1事業所につき研修に参加できるのは2人まで）ということです。※自治体による

ただ資格をもっているだけという、自動車免許でいうところのペーパードライバーを「増やさない仕組み」になっているといえます。

サービス管理責任者という資格は、看護師その他医療系の資格をもっている人にほとんど知られていないばかりでなく、介護職の人の間ですらメジャーではありません。要件を満たしている人が資格の存在自体を知らないわけですから、人が余っていないのも道理です。

私たちはこのことについては最初から覚悟していたのですが、実際に募集をかけてみて、サービス管理責任者の確保がいかに大変か痛感しました。

結局、人材紹介会社を介してほかの事業所と兼任で引き受けてくれる人を確保することができたので、安心しているところです。

今回、痛感したのは、サービス管理責任者を確保するには、人材紹介会社に支払うコストまでしっかりと計画に入れておかなければいけないということでした。

サービス管理責任者の年収は通常５００万円前後で、最低でも４００万円です。人材紹介会社の紹介料は年収の35％だったので、年収５００万円とすると１５０万円を超えてきます。

このことについては、今後、我々がグループホームの運営コンサルティングを行うときに必ずお伝えしなければいけないと感じました。

なお、私の会社ではサービス管理責任者の資格要件を満たしている人を１人、管理者として採用しました。２０２２年の研修を受けてもらう予定です。

この人たちとは別に正社員が１人、さらに夜勤専従の人とパートの人の合計６人くらい採用できると業務を回していけると考えています。

着工の事前準備

着工の段取りの実務は設計や建築の部署で行いますが、事務方が行うこともあります。その一つが道路工事の承認を得ることです。建築物の建築には否応なく民有地と道路の間を車両が出入りするための出入り口の工事が必要になります。

この工事を「乗り入れ工事」といい、工事をする人（事業者）は国、県、市町村などの道路管理者に対して、道路工事施行承認申請（乗り入れ工事申請）を行って承認を得なければなりません。

また排水を流すための水路をどうするか、排水計画を立てて土地改良区の用水管理組合にうかがいを立てる必要があります。

用水管理組合というのは行政から委託された民間の団体なので、そこの代表である地区委員長にこちらの計画を確認してもらい、問題がなければ押印してもらいます。

◆町内会長への挨拶と近隣説明会

着工準備と並行して、グループホームの建設地の町内会長に「今度、この地域にこういう施設を建設します」と挨拶に行きました。

できればこのとき町内会長から了承をもらい、地域の住民の方々には事後承諾という形で町内会長から「こういう施設ができることになりました」と説明してもらって終わらせたかったのですが、実際にはそうはなりませんでした。町内会長から近隣説明会を求められたからです。

想像できると思いますが、そうした説明会では誰か一人が反対意見を述べ始めると、我も我もと同調する人が出てきて収拾がつかなくなりがちです。

時勢として、新型コロナウイルスに配慮が必要だったこともあり、過去事例からも「近隣説明会は開催しないことも十分あり得る」という私たちの願いははかなく崩れ去り、近隣説明会を行うこととなりました。1回では終わらず、2回開催することになったのです。

・差別は良くないが、自分の地域に入ってこられるのは不安だ

1回目の説明会への参加者は8人で男性が多かったです。

最初はこちらの説明を黙って聞いてくれていたのですが、一人が「自分は反対だ」と口火を切ったとたん、「自分もそうだ」という人がどんどん出てきて最終的にあちらのペースになってしまいました。

先方の懸念材料は、集約すると「精神障がいや知的障がいのある人たちが集団で住む場所ができるのが不安だ。管理はどうなるんだ」というものでした。障がいのある人を差別するのはいけないことだし、障がい者グループホームが世の中に必要だということも理解できる、でも自分の家の近くにはできてほしくない、というわけです。

私たちが想定していたとおりの意見ですが、これに対してその場では明確な回答はせずに持ち帰りにさせてもらいました。

そもそもグループホームは障がいのある方たちの自立を支援するものであり、障がい者の方々の人権に配慮したうえでつくられるものです。そのため「管理する」という考え方自体がおかしい、というのが私たちの本音です。夜間の人員配置も必要ないくらいですが、それを言ってしまうと火に油を注ぐような状態になるのは目に見えているので、さす

がに控えました。

実際のところ夜間に入居者の方々だけになったとき、トラブルが起こる可能性が否定できないので、あえて当直をおくことにしています。

また入居者の方々の支援（町内会の皆さんの言うところの「管理」に該当します）の内容については、実際に入居した方々の個々の状況・状態に合わせて支援計画が組まれることになるので、現段階では明言できない旨、お話ししました。

・怖いのは「知らないから」

ところで「近隣」という言葉から、都市部だと住宅が立ち並んでいる地域の、たまたま空き地になっているところに隣家と密接してグループホームを建設するというイメージをもつかもしれません。四方全部が一般住宅で、住宅と住宅の間も４ｍ道路が走っているという感じです。

しかし私たちが建設を予定しているのは、都市部のような壁一つ隔てた「近隣」ではありません。周りは全部田んぼで、いちばん近い家が田んぼを２枚はさんだところにあって、歩いて２分はかかります。半径１キロメートル過ぎたらちょっと住宅街に入るかな、という環境なのです。

そんな場所に集団生活が可能な障がいのある人たちの住むグループホームができることに、強く抵抗するとはどういうことなのか……。これだけ多様性が叫ばれている時代に、ここはいつまでも何十年も前の差別が残っている場所なのだなと思うと、なんだか悲しい気持ちになってしまいました。

私たちが運営するグループホームはすでに県や市から建築許可を得ているので、近隣住民の方々の理解が得られなくても建てることはできます。

しかし、私たちにはできるだけ地域の方々に理解していただいたうえでこの事業を進めていきたいという思いがありました。敵対関係のまま進めてしまうと、オープン後に入居者の方々に危害を加えられたり、せっかくの自立生活の妨げになったりするような事態が起こらないとも限りません。

とりあえずもう一度説明会をして、そこで納得してもらえるようなところまでもっていこうということになりました。

前回、「専門家の話が聞きたい」と住民の方からのご要望があったので、これまでにもいろいろと助けていただいている就労支援事業所の所長に、住民説明会でお話をしてもらうことにしました。また「障がいのある人と関わったことがない」という方が多かったことから、実際の姿を見ていただく必要があると考えました。

とはいえ、障がいのある方にいきなり住民説明会に来てもらうことはできません。これについても就労支援事業所の所長さんからすばらしいご提案をもらいました。「就労支援事業所で働いている人にインタビューをして動画を撮影してみてはどうですか」と言ってもらえたのです。

そこでご厚意に甘えて事業所を訪れ、何人かの方に「何歳ですか?」「ここで仕事をするようになってどれくらい経ちますか?」「どんな仕事をしているんですか?」「休みの日の過ごし方は?」など、日常生活に関するインタビューをして動画に収めました。

・ペーパーカンパニー疑惑と、「福祉で金儲けは許せない」論

2回目の住民説明会の参加者は、前回の8人から17人へと2倍以上になりました。1回目は障がい者グループホーム建設予定地の班の方だけを対象としていたのですが、「町内会全体にも声を掛けた」というのがその理由です。

参加者が多くなった分、以前とは違う質問が寄せられました。

１回目は治安がどうなのか、運営の体制がよく見えないというところを突かれたのですが、２回目は「よく分からないゼネコンが、ペーパーカンパニーをつくって福祉を楯に悪いことをしようとしているんじゃないか。ちゃんと入居者ファーストでやる気はあるのか」と言われたのです。

これに対しては、そもそも入居者に入居していただき、お世話をすることでお金を払ってもらうビジネスモデルなので、入居者がいないと成り立たず、その点では間違いなく入居者ファーストである旨、お話ししました。

運営がずさんで入居者がどんどん出て行ってしまわれたら、ビジネスとして成り立ちません。

「営利目的で福祉をやるのは間違っているんじゃないか」という問いに対しては、私たちが日頃よく口にしている「利益が伴わなければ長続きせず、最終的には支援を必要としている障がい者の方々が困ることになる」という説明をしました。利益を度外視することなどもってのほかです。ボランティアでは続かないと訴えたところ「そうか、分かった」という反応でした。

また、ペーパーカンパニー云々については、そんなことはなく本気で福祉事業をやりたいと思っていること、別会社にしたのは将来的にA型の就労継続支援事業所をやるため、福祉事業の専門会社である必要があることをお話しさせていただきました。

・「自分たちと変わらないんだね」という感想も

説得力があったのは、就労支援事業所の所長の「皆さんは障がいのある人に会ったことがないからイメージが湧かないのでしょう。でも彼らは私たちと何も変わりません。同じような生活をしています」という言葉と、それを裏付けるインタビュー動画でした。

私たちの質問に対して「土日はゲーセンに遊びに行きます」「家でゆっくり過ごすことが多いです」「今はコロナで行けませんが、コロナ前は東京ドームに野球を見に行くのが楽しみでした。野球が大好きなので」などと答える姿を見て、「自分たちと変わらない」という思いを強くしてくれたようです。

凶悪犯罪のニュースなどで「精神鑑定をしたところ、事件当時は心神喪失の状態で責任能力を問われないことが分かった」などと報道され、精神障がい者＝犯罪を起こしやすい、というイメージを強くもつ人もいます。

確かに犯罪を起こした人のなかに精神障がいや知的障がいのある人がいる場合もありますが、少なくとも富山県内の障がい者グループホームに入居している人たちについては、これまで刑事事件を起こしたという報告は1件もないそうです。そのことについてもしっかりと説明させていただきました。

・「中立の第三者」で説得力倍増

2回目の説明会に参加されていた方全員が、心から障がい者グループホーム建設を受け入れたかどうかは分かりません。ただ、表面上はなんとか納得してもらえたといっていいのではないかと思います。

その要因となったのは、やはり就労支援事業所の所長にご登場いただいたことです。所長はいわば中立の第三者です。この存在は極めて大きかったです。

結局、自分たちと相手だけだと完全に対立構造が生まれてしまいます。私たちがどんなに「大丈夫です」と言っても、「いや、そんなはずはない」「適当なことを言ってごまかすな」と返してきます。しかし第三者が入ることによって、聞く耳をもち始めたという印象でした。
長く障がい者福祉事業に携わり、日頃から障がいのある人たちと関わってきた所長の「彼らは本質的に私たちと何も変わりません」という言葉は、非常に説得力がありました。

成功に終わったといえる住民説明会ですが、今、振り返って思うのは、できれば説明会はやらないスタンスでいくべきだということです。

人数が増えれば増えるほど反対意見が強くなりますし、それを説き伏せるには多大なエネルギーが必要です。本来、割くべきところに割くはずのエネルギーを、ほかのところで使うことになってしまいます。

もちろん本事業を多くの方に理解・支援していただくのは大切なことです。だからこそ、団体を相手にするのではなく、町内会長の事後報告にするのが原則だと痛感させられました。町内会長から「こういう建物が建つことになりました。事業者が『質問のある人は直接お尋ねください』と言っています。必要があれば一軒一軒訪ねて説明してくれるそうです」と言ってもらうのがいいのではないかと思います。

これから新たに障がい者グループホームを建てるときは、そういう方式にするつもりです。

◆地鎮祭・着工~内装・食事決め

住民説明会が終わるのを待って、地鎮祭を行い、ようやく着工の運びとなりました。住民説明会が2回あったので、その分、着工は遅れています。

当初の予定では2021年10月にはオープンできるはずだったのですが、現在（2021年8月時点）の見込みでは2022年3月です。

さて、着工したらしたで、次にすべきことがいろいろ出てきます。その主なものが内装決めと食事決めです。

内装はクロスや床材の色や素材、ドアなどの建具をカタログから選んでいきます。コストとの兼ね合いがあるので、選ぶのは比較的容易でした。

それよりも食事決めのほうが手間はかかりました。入居者からもらう家賃に食費という内訳があるのですが、その範囲内でできるだけおいしいものを選ばなければなりません。

食事のパターンとしては、食材調達から献立決め、調理に至るまで自前でやるパターン、材料一式が毎日届けられて事業所で作るというパターンと、完成された料理を温めて出すというパターンの3つがあり、温めて出すパターンはさらに冷蔵（チルド）のものと冷凍のものに分かれます。

せっかくなので自分たちですべて試してみることになりました。

・冷凍技術の進歩に驚く

最初に候補から外したのは、食材調達から何から自前でやるパターンです。

こちらはとにかく手間がかかります。買い物の時間もそうですが、献立決めという作業が非常に億劫です。家庭で食事作りをされている方にとっては想像に難くないと思いますが、この献立を決めるということに、けっこう頭を悩ませてしまい、それが生産性を落とす原因になります。しかも、グループホームでは1カ月の献立をあらかじめ決めておかねばならず、栄養バランス・原価など、さまざまなことを考慮して1カ月の献立を決めることはほぼ不可能であると判断しました。

次に候補から外れたのは、届いた食材で調理をして提供するパターンです。

こちらは献立決めの苦悩からは解放されるし、食材もあらかじめ決められた量やカット済みのものがほとんどなので、自前でやるよりははるかにラクで、家庭の強い味方となっている側面もあります。

しかしながら、私たちが危惧したのは、「スタッフの調理技術によって差が生まれるのではないか」ということです。３６５日稼働するホームでは調理担当がずっと同じ人ということはありません。加えて、昨今の人手不足です。調理技術が一定以上必要というハードルを設けることは、採用戦略としても良くないと思い、「なるべく誰でもできる」ということを切り口に考えました。

以上のことを加味してたどり着いたのが「湯煎等の簡単な調理による提供」という選択肢でした。しかしながら味に妥協してしまっていては元も子もありません。作業効率とクオリティを両立させるべくさまざまな会社に試食品を依頼して、比較検討していきました。

最終的にチルドと冷凍のどちらがいいかを比較検討することになったのですが、実は私たちは冷凍食品については懐疑的でした。メニューにも限りがあるんじゃないか、解凍したときにべちゃっとして味が薄くなるのではないか、と疑っていたのですが意外や意外、おいしさに一同びっくりしました。

チルドよりも冷凍に軍配が上がり、量・味付け・値段で比較検討した結果、1社に絞ることができました。

◆入居者募集開始とホームページ作成、就業規則づくり

食費が決まったので、ようやく入居者さんの募集の基礎ができました。

募集要項に、入居費用の内訳として家賃・水道光熱費・食費がいくらかかるのかを明記しなければなりません。そこで水道料金を調べたり、日用品費が一人あたりいくらくらいになるのかを試算したりすることが必要になります。

紙のチラシのほかに、インターネット上での募集を行うためのホームページづくりもあわせて行います。

2021年8月以降、以前から作っていた入居募集のパンフレットとチラシを持って、関係各所を回っています。

行った先は以下のとおりです。

- 相談支援事業所……障がいのある人がサービスを受けるときに最初に訪れるところで

す。

・特別支援学校……地域にある特別支援学校を一通り回りました。

・病院……会うのはソーシャルワーカーです。

いずれも好感触でした。よく言われたのが「グループホームは足りていないので、こういう施設が新しくできるのはとても助かります」ということです。今、別のホームに入居しているけれども合わなくて困っている人が、少なからずいるという実態も分かりました。

ただ、現在、コロナの影響で自宅で静かに過ごす人が多いそうなので、入居が次々と決まるのはある程度コロナが落ちついてからになりそうです。

・福祉に強い社会保険労務士の力が必要

思いのほか大変なのが就業規則づくりです。

特に賃金規定については戸惑いの連続でした。

もともと福祉事業をやっている会社であれば、その就業規則を流用できる部分もあると思いますが、私たちは建設会社です。そうなると賃金規定そのものが違ってきます。

グループホームは３６５日24時間稼働の施設だということもあり、給与ベースや資格手当はもちろん、退職金制度なども異なります。

処遇改善加算を取るためには賃金規定のなかに、働く人がステップアップできるようなキャリアパスを入れ込まなければなりません。

結局、障がい福祉に詳しい税理士法人と契約をしたのち、そこの社会保険労務士とも契約することになりました。

ただし、コスト面の問題があり、私がたたき台となる就業規則をつくり、社会保険労務士にチェックしてもらう形を取ることにしました。

厚生労働省のホームページに就業規則の雛型が解説とともに掲載されています。その解説や就業規則作成の参考図書を読みながらつくっています。

・太陽光パネルの搭載

２０２１年9月19日現在、建物のほうは完成に近づいており、手すりやコンセントの位置を決めたり、備品としての家具や家電の精査をしたりしています。

屋根に太陽光パネルを載せることにしたので、前月くらいまではその打ち合わせに時間を割きました。

今回、一つの敷地にA棟とB棟の2棟を建てることになるので、別々に電気を引き込まなければなりません。電気の契約も別々になるので、それぞれに引き込み口が必要になり、コストがかかってしまいます。

それ以前の問題として、一つの土地に建った2棟の建物に別々の太陽光パネルを載せること自体、申請が通らないのではないかと電気工事業者から声が上がりました。

そこでB棟にだけ太陽光パネルをつけて、B棟とA棟の電力をそれぞれまかなうような形にして、それでも余った電力は売電するという設計にしました。

太陽光パネルにかかる建設コストはおよそ320万円でした。7年くらいで回収できると予測しています。

第5章

すべての人が輝き活躍できる社会を実現したい

――企業が果たすべき使命

◆次の100年を見据えて

私たちは富山県で主として土木・建設業を営んできました。地方企業としては社員数80人超とそこそこの規模ではありますが、東京などの大都市に本拠地をおく大企業とは異なり、資金面でも人材面でもさまざまな課題を抱えています。

そんななかでどのような理念のもと、どういう発想・工夫でこの激動の時代を乗り越えようとしているかお話しすることは、同業の方たちにとってはもちろん、他業種の方々にとっても、意味のあることなのではないかと考えています。

・巨額の借入金を背負って

創業が1919年(大正8年)のわが社は、2019年(令和元年)に創業100年を迎えました。

私の曽祖父の代の創業ですが、それよりも前、江戸時代くらいから現在の社屋のある土地に定住し、地域の治水作業に尽力していたようです。

平成のはじめくらいまでは、建設会社にとって極めて業績好調な時代が続いていました。先代（私の父）のときには、日本の高度経済成長期やバブル期と重なったこともあり、業績はうなぎ登りでした。

しかしどんな事業もそうですが、好調な時期がいつまでも続くわけではありません。建設業界のバブル崩壊は、橋本内閣が消費税を5％に引き上げた１９９７年（平成９年）に始まりました。

当時、弊社の売上は１００億円を超えていましたが、負債の額が実に80億円ありました。売上も大きいけれども借入金もピークです。

私はそのタイミングで社長に就任し、借入金の圧縮と不良債権処理が喫緊の課題でした。それからはただひたすらがむしゃらに突っ走ってきました。

本業の建築は一般住宅、施設、店舗など幅広く手掛け、土木・舗装工事、建材の運輸・配送、アスファルトコンクリートと生コンクリートの製造、ガソリンスタンド経営、不動産の仲介業など、建築に付随するものはすべてやってきたといっても過言ではありません。ありがたいことにお客さまからのご注文は引きも切らず、創業１００年の節目で借入金の返済のめどが立ちました。

しかしそこでハタと考え込んだのです。

・フロー型ビジネスからストック型ビジネスへ

基本的に建設業界というのはストック型かフロー型かといえば、フロー型だということにあらためて思い当たりました。

お客さまからのオーダーがあれば利益が上がるけれども、依頼がなければ利益も0円です。仕事が取れて初めて売上が立ちます。

不動産仲介業をするようになって分かったことですが、その点、入居管理などの不動産管理はストックビジネスになります。一過性の利益ではなく、長期間にわたって利益を上げることができます。

創業100年を迎えるにあたって、会社がこれからの100年をどう生き抜いて社会に貢献していくかを考え、新たなビジネスモデルを展開していくことが必要だと思い至りました。フロー型ビジネスへの依存度を低くしてストック型ビジネスの比重を重くしていくことが必要なのではないかという結論に達しました。

◆コンサルタント会社の力を借りる

こういうとまるで私たちの内側からある「気づき」が起こり、自発的に新たなビジネス展開を模索するに至ったかのようですが、実は気づきをもたらしてくれた第三者が存在しています。

中小企業の経営者には、ワンマン社長気質の人が大勢います。

父である先代社長もそのタイプでした。カリスマ性があって、悪くいえば唯我独尊タイプで、自分一人でなんでも決断してぐいぐい社員を引っ張っていく人でした。

会社のビジネスモデルがその時代に合っているときは、そのやり方でもいいと思います。むしろ「みんなでなんでも話し合って」などとやっているよりもスピーディーで理にかなっているのかもしれません。

しかし今は目まぐるしくいろいろなことが移り変わっていく時代です。ワンマン社長の感覚が今の時代のニーズに合っていなかったらどうなるでしょうか？　会社ごと沈没して浮かび上がれなくなってしまいます。

大きな会社であれば市場分析などの専門部署をつくり、そこに企業経営に詳しい人材を配置することができるでしょうが、地方企業ではなかなかそこまで手が回りません。

そこで私たちは専門家の力を借りることにしました。頼ったのは日本有数の経営コンサルタント集団であるＦ総研さんです。

Ｆ総研さんの力を借りることがなければ、おそらく私たちが障がい者グループホームに行き着くことはなかっただろうと思います。

建設会社としてこれからどういう事業展開をしていくのが時代のニーズに合うのか、事業モデルの立て付けや収支の部分の考え方など、非常に多くのことを学びました。

Ｆ総研さんのクライアントのなかに、すでに障がい者グループホームの建設を手掛けたことのある建設会社があって、実際にやってみてどうだったか、生の声を聴けたのは本当にありがたかったです。もちろんコンサルタントフィーというコストが伴いますが、会社の未来を拓くための費用と考えれば、決して高いとも惜しいとも思いません。

社員の発想力を大事にして、任せる

わが社にとって新規事業である障がい者グループホーム運営は、井上がすべての陣頭指揮を執っています。私は口出ししません。

私自身、人から言われてやるよりも、自分で考えてやっていきたいという気持ちが強く、あれこれ口出しせずに任せたほうが本人のやる気が出るのではないかと思うからです。これには、社長就任から5年後に大病をしたことも関係しています。借金返済に追われて激務だったことに加え、誰にも相談せず、何もかも一人で抱え込み強いストレスを感じていたことも、発病の引き金になっていたのではないかと思います。

生死の境をさまようような深刻な状態から奇跡的に回復したとき、これからの人生は世のため人のために捧げようと決意しました。本当に人の役に立つ仕事をしたいと考えるようになったのです。

その理想の実現は、自分一人ではなしえません。まずは社員たちを信頼して任せてみようと考えました。やってみてうまくいかなかったり、進め方に悩んだりすることがあったら、その時点で手を貸そうと腹をくくりました。

井上は私の20歳年下です。大学卒業後、外食産業でも最も厳しいといわれる会社に入り、地域統括マネージャーを務めるなどバリバリ働いていましたが、縁あって私の会社に入社しました。

頭の回転が速くて努力家、若い頃から老成したところがありますが、発想力が豊かで面白い人間です。

F総研さんから提案してもらった障がい者グループホーム建設事業に最も前向きだったのが井上で、その流れで多くのグループホーム案件に関わってもらいました。

創立100周年の節目で、グループホームの建設に携わるだけでなく、新規事業として運営主体になってやってみようということになったのは先ほどお話ししたとおりです。

そのとき、井上が「この事業をやったほうが良い理由」として挙げてきたものに、私はいたく感銘を受けました。

◆本業とのシナジー効果

井上は、社会福祉事業を始めることで、次のシナジー効果が得られるというのです。

その内容は次のようなものでした。

・ブランド力強化

提出された企画書には、これから多様化・人口減少していく日本において、ことさら重要なのが社会貢献というブランド認知である、とありました。

この企画書が書かれたのは２０２１年１月です。同年、東京オリンピック・パラリンピックが開催されましたが、オリンピック憲章では「あらゆる差別の撤廃」がうたわれています。

開幕前からトラブル続きで「呪われた五輪」ともいわれた東京オリンピック・パラリンピックですが、あらためて障がい者への差別、性差別、性的マイノリティへの差別など、あらゆる差別への撤廃の機運が高まったのではないかと思います。

こうした時代背景のなか、社会福祉事業、とりわけ障がい者福祉事業の分野に進出することは、企業イメージを高めブランド力を強化することにつながると思います。

・採用面での効果

ターゲットであるZ世代の若者たちはＳＤＧｓ的な意識が強く、社会貢献を第一に考える層が増えてきています。

人手不足が懸念される昨今ですが、「福祉をやっている建設会社」は重要な意味をもつと考えられます。地元の建設会社で働くことを考える人からは、地域貢献・社会貢献度の高いところが選ばれると思います。

・営業強化

自分たちで実際に障がい者グループホームを運営することで、知識やノウハウの提供にとどまらず、生の情報をクライアントに届けることができるようになり、営業強化につながります。

クライアントの福祉事業者は、福祉・社会貢献に対する意識をもたないことを嫌う傾向が強く、「私たちも福祉事業に携わっている」という事実は、建築営業において強い説得力になります。

また自社物件をモデルにできるので見学誘致もしやすく、商談を円滑に運びやすくなります。

さらには先々の話にはなると思いますが、こちら側の運営体制が整って、サブリースとして提案する場合、ほかの事業者を紹介せずとも弊社で運営を請け負うことが可能になります。商談の期間短縮にも、弊社の収益アップにもつながります。

・人材確保

福祉業界は慢性的な人手不足の状態ですが、意外にも、福祉の仕事に関心のある若者は少なくありません。しかし「やってみたいけれども、毎日はやれない」という思いが強いようです。

わが社が現在計画している障がい福祉事業には、福祉関係の資格をもたない人でも働けるポジションがたくさんあります。

会社本体の人員と福祉事業の人員をシェアすることで、両面の人材不足をカバーすることができます。例えば週3日は本体の営業や事務、残り2日はグループホーム勤務などフレキシブルな体制を取ることも可能になります。

営業や福祉関係は離職率の高い職種ですが、職種を分散させることで社員を定着させる効果が期待できるのではないかと思います。

・人財育成

特に営業人員においては、自分自身が障がい者グループホームで働くことは、その実体験が反映され説得力のある話ができるようになることに加え、キャリアの早い段階からさまざまな経験を積むいい機会となります。

この事業が軌道に乗って施設数を増やしていくことができれば、その分だけ施設長のポストがつくれます。若手社員が管理者となることで、早期から経営的な視点をもつ経験ができるため、経営幹部育成にも寄与するはずです。

◆若手社員インタビュー

では実際のところ、新規事業である障がい者グループホーム運営は、社員たちにどう受け止められているのか、若手社員に聞いてみました。

・四十田《あいだ》佑介（27歳）

私は2020年に入社しました。

大学を卒業して3年くらいフリーターだったのですが、ぼちぼち働かなくてはと思っていたとき、先に勤務していた最も親しく信頼をおいている友人に「うちの会社、今、社員を募集しているよ。受けてみたら？」と声をかけられたのがきっかけでした。

大学では心理学を勉強していて、困っている人の役に立ちたいというのが根底にあったため、県内の障がい者施設の多くを建てた会社だということに強く惹かれました。ほかの会社ではやることのできない、面白い仕事がここではやれるのではないかと感じました。

この会社に出会って「一生懸命、世の中の人の役に立つために働く自分の姿」を鮮明に思い描けるようになったのです。

入社以来、営業部に所属しており、今（2021年8月）は2022年3月オープン予定の障がい者グループホーム事業では、井上さんの指揮のもと、責任ある立場を任されています。

入居者募集の窓口は私になっているのですが、募集案内やチラシを持って関係各所を回ったとき「地元にこういう施設ができて本当にありがたいです」「期待しているので頑張ってくださいね」と温かいお声を掛けていただき、自分たちのやっていることの社会的意義を強く感じました。

地元にこんな新しいことをやろうとしている会社があることを誇りに思います。これからこの貴重な経験を先々につなげていき、いつか自分も会社の中核を担う立場で社会に貢献できたらと思っています。

・熊谷武蔵（23歳）

私は富山大学経済学部経営学科を２０２１年３月に卒業し、４月に入社した1年目の新入社員です。

地元富山が好きなので、就職する際もぜひ地元企業にと思っていました。

できれば「地図に残る仕事」がいいな、という思いからおのずと建設会社が視野に入り、就職活動をするなかで、高齢者施設や障がい者施設など社会的弱者と呼ばれる立場にある人たちに寄り添った企業であることに、強い魅力を感じました。

実際に入社してみて実感しているのは、どんどん成長していける機会を与えてくれる会社だということです。

今はまだ独り立ちできず、先輩たちの営業先についていき勉強させてもらっている段階ですが、お客さまに対して説明する機会を与えられ、それに対して的確なフィードバックをしていただいています。

営業部は20代が6人と、今の日本の年齢構成からすると驚くほどの若手集団を形成しています。

みんなで切磋琢磨しながら成長し、世の中の人の役に立つ仕事をしていきたいと思っています。

・・・・・・・・・・・・・・・・

この体験談を寄せてくれた2人が入社を決めたとき、私の会社はまだ福祉施設の建築に携わっているだけでした。

それでも就職先を決めるにあたってこれだけのフックになっているのです。これは人手不足に悩む全国の中小企業の経営者の方々に、ぜひ知ってもらいたい事実です。

時代に合った職種・業態に変化していくことで、そこに可能性と魅力を感じる人は必ず集まってきます。

採用するうえで私たちが心掛けているのは「多様な人材を採用すること」です。同じような経歴・考え方の人が集まると、当面のまとまりはいいかもしれません。しかしそれでは激動の時代を生き抜くことができないのではないかと、私たちは考えています。いろいろな個性をもった人が集まり、それぞれ意見を出し合うことによってこそ、新しいものを生み出す力になるのだと思います。

もちろん、理念や事業の目的に関しては、全社員が同じ方向を向いていなければなりません。「会社としての意思統一」を促していくことが、我々経営陣の重要な役割であると思っています。

◆社員の働きに応えられるような組織づくりを目指す

おかげさまでいい人財に恵まれた私の会社の現在の課題は、教育制度の整備や人事評価制度の制定です。

〝中小企業あるある〟ですが、日々の業務に追われて、なかなか教育までは手が回らなかったというのが実情です。基本的にはオンザジョブトレーニングで、まずは作業マニュアルをつくることに取りかかっています。

人事評価基準があいまいという声も上がっており、こちらも見直しを迫られています。もちろんこれまでも昇進・昇格基準はあり、この規模の会社としては比較的しっかりしているほうだとは思いますが、実際の運用がなかなかできていないのです。

正当な人事評価をするためには、正当な手順を踏まなければなりません。ちゃんと面談をしたうえで、「ここはできているけれども、これについては達成できていない。ということはこれが課題だから頑張りなさい」というところまでもっていくことが必要です。さらには「いつまでにやってくださいね」と期限を決めて、その期限がきたら「やりましたか」と確認までしないと、正しい人事評価はできないものです。

そこまでやるのが難しいのが現状です。

また給与制度も、毎月成果給を上乗せするというよりも、もともとあまり幅を取っていないボーナスに一括して上乗せするシステムになっているため、仕事で成果を上げれば上げるほど「その割に少ないな」ということになってしまいます。

これも早急に改善すべき課題だと考えます。

会社は社員あってのものです。社長一人では何もできません。社員の働きに報いることのできる組織をつくることが、経営者としての私の重要な役割と考えています。

おわりに

この本を最後までお読みいただきありがとうございます。

私の会社が障がい者グループホーム事業に関わるようになったのが２０１５年のことです。この事業に強いやりがいと可能性を見いだし、２０２１年にはついに「自分たちが障がい者福祉事業の当事者になろう」と、新会社を設立して運営主体となるべく活動を始めたのは、本文でもお話ししたとおりです。

先代の後を継ぐ形で社長に就任した当時、自分が将来福祉の分野の仕事をするようになるとは夢にも思ってはいませんでした。しかし、自覚しないまでもその萌芽はすでにあったのかもしれないと、今になって思います。

四半世紀ほど前、30歳を目前に私はアメリカ留学をしました。すでに次期社長になることは決まっていたので、先代は私に重責を担う前に広い世界を見せてやろうと考えてくれたのだと思います。

その留学で、私は自分の価値観を大きく揺さぶられる体験をします。留学先の語学学校のカリキュラムのなかに、障がいのある人を招いて交流するというプログラムがあったのです。

それまで障がいのある人と接したことのなかった私は、どういう接し方をしていいのか分からずにとまどっていました。すると招待された側の障がいのある人たちが、日本から来た留学生である私に一生懸命に話し掛け、会話の糸口をつかんでコミュニケーションを取ろうとしてくれるではありませんか。まるで既知の友人のようにフレンドリーに接してもらい、私の緊張は一気にほぐれていきました。一度会話を交わせばそこは若者同士で、ましてて相手はコミュニケーション上手なアメリカ人です。私の拙い英語を一生懸命聞き取ろうとし、その場を楽しいものにしようとしてくれている姿を見て、私はただただ感動し、感謝するばかりでした。そして国や人種の違い、障がいの有無というのは本当にささいなことであり、一人の人間対人間として向き合うときにはなんの関係もないのだという事実がすとんと私のなかに入ってきたのです。

あのとき私は、この世の中に生きるすべての人は平等で対等で、皆が同じように尊重されるのだということを理解したのだと思います。

今の私の目標は、誰もが生きやすく自分らしさを発揮できる社会の実現に向けて、自分ができることを粛々と行っていくことです。

私たちが北陸の地で障がい者グループホームを立ち上げても、すぐに世の中が変わるわけではないことは百も承知しています。

しかし一滴の水が集まって大河となるように、志を同じくする人たちが増え、障がい者グループホームのある町が「当たり前」になって、障がいのある人とない人との間に交流が生まれるようになったとき、確実に世の中は変わっていくと思います。

一刻も早くそんな日がくることを願ってやみません。

岩崎弥一

【著者プロフィール】

岩崎弥一（いわさき・やいち）

1964年、富山県生まれ。小学2年生から東京で育つ。

1988年に立教大学卒業後、大和証券に入社。

1990年から1993年の間、萩山教厳代議士、鈴木宗男代議士の秘書を務める。

1995年に岩崎建設株式会社を継ぎ、取締役に就任。1997年には同社代表取締役に就任。

2009年に社名をアルカスコーポレーション株式会社に改める。同年から南砺市商工会理事を務め、2018年副会長となる。

[編集協力]
井上嵩浩
アルカスコーポレーション株式会社　取締役営業部部長
株式会社CH-5　代表取締役

※本文中のデータや報酬単価などは2021年現在のものであり、
　変更の可能性があります
※制度や見解も各自治体により変更になっている場合があります

本書についての
ご意見・ご感想はコチラ

安定した収益＆社会的意義を両立
福祉施設経営のススメ

2021年11月12日第1刷発行

著者　岩崎弥一
発行人　久保田貴幸

発行元　株式会社 幻冬舎メディアコンサルティング
〒151-0051　東京都渋谷区千駄ヶ谷4-9-7
電話　03-5411-6440（編集）

発売元　株式会社 幻冬舎
〒151-0051　東京都渋谷区千駄ヶ谷4-9-7
電話　03-5411-6222（営業）

印刷・製本　瞬報社写真印刷株式会社
装丁　堀 椎菜

検印廃止

Printed in Japan
ISBN 978-4-344-93227-2 C0033
幻冬舎メディアコンサルティング HP
http://www.gentosha-mc.com/